Metin Olmak

METİN OLMAK

Yazan: Tümer Metin

1. baskı / Mayıs 2013
2. baskı / Haziran 2013 / ISBN 978-605-09-1455-9
Sertifika no: 11940

Kapak tasarımı: Yavuz Korkut
Kapak fotoğrafı: Eren Aytuğ
Baskı: Ayhan Matbaa Basım Sanayi ve Tic. Ltd. Şti.
Mahmutbey Mah. Deve Kaldırım Cad. Gelincik Sok.
No: 6 Kat: 3-4 / Bağcılar -İSTANBUL
Tel. (212) 445 32 38
Sertifika no: 22728

Doğan Egmont Yayıncılık ve Yapımcılık Tic. A.Ş.
19 Mayıs Cad. Golden Plaza No. 1 Kat 10, 34360 Şişli - İSTANBUL
Tel. (212) 373 77 00 / Faks (212) 355 83 16
www.dogankitap.com.tr / editor@dogankitap.com.tr / satis@dogankitap.com.tr

Metin Olmak

Tümer Metin

DK DOĞAN KİTAP

İçindekiler

Önsöz

Tepe'de tek başına

Bizde futbolculara önadlarıyla hitap edilir bilirsiniz. Futbolcular da çevrelerindekilere "ağbi", "baba" diye seslenirler...

Bunun iyi bir tarafı var; bu tanınmış insanlar hemen aileden biri gibi yakın oluyor size. Hem de teklifsiz bir samimiyetle.

Ancak bir de kötü tarafı var, hangi yaşa gelirseniz gelin önadla çağrılmanın. Sizi hep bir ergen olarak görüyorlar, olgun ve bağımsız bir kişilik olarak görmüyorlar. Her şeyi kabul etmenizi, mesela boş mukaveleye imza atmanızı istiyorlar. Eğer bir de muhatap olduğunuz kişiler yöneticinizse, sizden kayıtsız şartsız bir küçük kardeş ya da çocuk itaati bekliyorlar.

Biraz mecburiyetten biraz da işine geldiği için çoğu futbolcu bu "ebedi ergen" muamelesini gönüllü kabul ediyor. Emeğinden doğan haklarını, vergisini hatta kariyerini "ağbilerinin", "babalarının" eline bırakıyor. Futbol ortamımızın bir türlü demokratikleşememesinin bir sebebi de bu değil mi?

Söğüt ağacının altında

Bunları neden yazdım? Tümer Metin'in ne olmadığını anlatmak için yazdım... Sadece "Tümer" dediğinizde bir şeylerin eksik kaldığı futbolculardandı o. Tabii en yakın aile bireyleri dışında. O Tümer Metin'dir, ya da Metin Tümer...

İlerleyen sayfalarda okuyacağınız gibi, Tümer Metin hâlâ memleketi Kozlu'ya gider, söğüt ağacının altına oturur, düşünürmüş. Herhalde, kim olduğu, nasıl yaşadığı, ne yaptığı, ne yapması gerektiği ve ne yapacağı hakkında.

Bu nedenle, Beşiktaş'a transfer olduğu 2002 yazından, BJK Yönetim Kurulu'na girmediğim 2004 Ocak'ına kadar, "yöneticiliğini yaptığım Tümer Metin" diyemem onun için. Sadece "birlikte çalıştığım Tümer Metin" diyebilirim ancak. Böyle bir insanla birlikte çalışmış olmaktan da mutlu olduğumu söylemeliyim.

Hep kendiyle muhasebe içinde olan, hep kendini aşmaya çalışan, bu uğurda zaman zaman kendini yiyerek "sinirli" görünmeyi göze alan biri olarak tanıdım onu. Kendiyle yetinmeyip çevresini de yönlendirmeyi görev bilen, doğru bildiği uğurda başkalarını karşısına almaktan çekinmeyen, bu uğurda "uyumsuz" gözükmeyi göze alan biri olarak tanıdım.

Böyle insanların kendilerine örnekler bulmaları, hedefler koymaları hiç de rastlantı değil. Küçüklüğünde çevrelerindeki "Ahmet Ağbi" gibi olmak istermiş Tümer Metin. Sonraları da başkalarını örnek aldı belki. İşte o hedeflere vardıkça hem örnek aldığı insanlar gibi oldu, onların sağlam kumaşlarından aldı kişiliğine, hem de onlarla aynı dokudan bambaşka bir kişilik çıktı ortaya. Yani Tümer Metin.

İşte elinizde tuttuğunuz kitap bu sürecin hikâyesi.

Tek başına ve hep beraber

Futbol oyunculuğu zor zanaattır... Sinema ya da tiyatro oyunculuğu gibi. Zaten ikisi de seyirci önünde bir şeyler icra eder... Evvel zaman içinde sinema yazarken Robert De Niro ile söyleşi yapma fırsatım olmuştu. "Koskoca De Niro oldunuz, artık hedefiniz kaldı mı?" diye sormuştum. "Ne diyorsun sen" diye yanıtlamıştı, "bir filmi bitirdikten sonra günlerce uyuyamam 'bu film başarısız olacak, bana bir daha teklif gelmeyecek' diye".

Tümer Metin'in çocukluğunda Kozlu'daki Tepe'de tek başına top peşinde koşması gibi, futbolcu yalnız insandır önce. Sağlığı yerindeyse, iyi oynamışsa, hocasıyla anlaşıyorsa sonraki maça çıkar. Yoksa kaybolup gider.

Oysa futbol, toplu icra edilen bir gösteridir aynı zamanda. Tek başına kendi kaderinizi çizerken, ekibe de katkıda bulunmanız gerekir. Kendinize oynarken takım için oynamanız gerekir aslında. Takım için ne kadar oynarsanız kendiniz için de o kadar oynamış olursunuz. Birey ile takım arasında böyle bir diyalektik ilişki vardır.

Tümer Metin bu diyalektik ilişkinin bütün yönlerini görmüş, yaşamış biri... Ken Loach'un harika *Looking For Eric* filminde, Man U taraftarı Eric Cantona'ya sorar, "en beğendiğin gol hangisi?" diye. Cantona cevap verir: "En beğendiğim hareketim aslında bir gol değil, bir asist... Çünkü iyi bir asist takım arkadaşlarınıza verebileceğiniz en güzel hediyedir".

Atmadıkları gole bile sahiplenenlerin olduğu futbol dünyamızda Tümer Metin'in her şeyden önce "asistan"lığıyla öne çıkması boşuna değil.

İşte elinizde tuttuğunuz kitap Tümer Metin'in olduğu kadar oynadığı takımların, o takımların taraftarlarının da hikâyesi... (Mesela benim için kitaptaki en göz yaşartıcı bölüm, Beşiktaş'ın 100. Yılında Galatasaray'a Tümer Metin'in muhteşem asistiyle attığımız ve şampiyonluğu getiren golün anlatıldığı sayfalar.)

İşte, Metin (Tümer) olmak

Bizde, belki de yukarıda sözünü ettiğim "ebedi ergen" durumundan ve ağbileri, babaları kırmama kaygısından futbolcu otobiyografileri, ya da biyografileri pek yazılmıyor. Oysa beni en çok bilgilendiren ve ilgimi çeken metinler nedense futbolcu ve teknik adam biyografileri, uzun söyleşileri olmuştur hep... Marcel Dessailly'nin bir solukta okuduğum *Kaptan*'ını unutamam. Les Ferdinand'ın *Sir Les* adlı otobiyografisinde çok eğlenceli Türkiye bölümleri vardır. Cruyff'la uzun söyleşilerin yer aldığı kitaplar neredeyse birer temel eserdir benim için. Brian Clough'un otobiyografilerini ve Jonathan Wilson'ın onun hakkında yazdığı kitabın bazı sayfalarını döner döner yeniden okurum.

Şimdi *Metin Olmak* da bu kitapların arasında yer alacak, ne güzel. İç ödeşmeyi, kendisiyle yüzleşmeyi hayat ilkesi yapmış birinden de bu beklenirdi zaten: Yaşadıklarını hepimizle paylaşmak. Böyle yaparak umarım birçok futbol ve spor adamımıza örnek olur. Onlara cesaret verir.

Tümer Metin gerçi kitabın sonlarına doğru daha çok olumlu deneyimler üzerinde duruyor, olumsuzlukları pek deşmiyor. Mesela, futbolumuz önündeki tıkanıklıkların belli başlılarından olan Beşiktaş'ın 101. yılında yaşadığı çöküşün, 2006 Dünya Kupası öncesinde Saraçoğlu'daki İsviçre maçındaki olayların daha fazla ayrıntısını okumak isterdim ben. Olsun, bunları da daha sonraki baskılarda okuruz belki.

Gönül verdiğim Beşiktaş'ın formasını giymiş bir futbolcunun otobiyografisine önsöz yazmak benim için haz duyduğum bir onur. Sözü daha fazla uzatmayayım ve şimdi okuyacağınız hayatın mimarına bırakayım.

İşte karşınızda Tümer Metin ya da Metin olmuş Tümer.

İbrahim Altınsay

Giriş

Herkesin bir hikâyesi vardır. Benim de söyleyecek çok sözüm, anlatacak çok anım ve evet, çok yazılan ama bilinmeyen bir hikâyem var. 2006 yılında Fenerbahçe'ye transfer olduktan sonra herkes benim hikâyemi kendince yorumlayarak anlattığında, yazmaya karar verdim. O dönem susmamı gerektiriyordu. Hiçbir yerde konuşmadım; hiç kimseye konuşmadım. Bir gün profesyonel olarak futbol oynamayı bıraktığımda, kendi ağzımdan kendi hikâyemi yayımlama kararıyla... Bugüne kadar susmamı sağlayan, motive edici bir karar oldu bu. Sabah gazeteyi açıp, kendimle ilgili bir haber okuduğumda, televizyonda birisinin benim hakkımda konuştuğunu gördüğümde ya da restoranda yemek yerken yan masadaki sohbette adımı duyduğumda susup her seferinde kâğıda kaleme sarıldım. O gazeteciyle ya da yan masadaki kişiyle konuşur gibi yazdım...

Kelimelerin benim hayatımda her zaman önemli yeri olmuştur. Daha Zonguldak'tan dışarı hiç çıkmamış futbol âşığı bir ergen olduğum yaşlarda, odamın duvarları Yusuf Hayaloğlu, Rudyard Kipling şiirleri ve okuyup etkilendiğim yazılarla kaplıydı. O kelimeleri, bir gün kendimi anlatırken kullanacağımı, yazmaya başlayana kadar düşünmemiştim. Önce transferi kendi kelimelerimle yazdım. Sonra ara ara günlük tutar gibi Fenerbahçe'deki günlerimi, yaşadıklarımı, anılarımı yazdım. Sonra Yunanistan'a gittim. Üç buçuk yıl yalnız kaldım. Kelimelerim İngilizceye döndü. Türkçeyi, düşünmek dışında sadece yazmak için kullandım. Daha çok yazdım. Gurbeti yazdım. Yunanistan günlerimi yazdım. Gurbette Beşiktaş maçlarını izlerken, her şeyin çubuklu forma ve Metin Tekin hayaliyle başladığı günleri yazdım.

En sonunda, 2001'de Beşiktaş'a, 2006'da Fenerbahçe'ye gidişimi ya da Yunanistan günlerimi anlatabilmem için, önce, benim nereden geldiğimi anlatmam gerektiğine karar verdim. Bu yüzden de 14 Ekim 1974'ten başladım yazmaya...

Bütün bu yazdıklarımı; nasıl toparlayacağımı, nasıl anlatacağımı bilmeden, düşünmeden yazdım. Neredeyse son bir yıldır da bütün yazdıklarımı toparlayıp, bir araya getirmeye çalıştım ve sonunda hikâyem çıktı ortaya.

İnsanın kendini anlatması hem zor hem de kendi içine duygusal bir yolculukmuş. Olayların içindeyken, yaşadığımız bütün duyguları bilinçaltımızda bir yerlere atıyoruz sanırım. Yazarken, bütün o iyi kötü ruh hallerimi, bütün duyguları tekrar tekrar aynı yoğunlukla yaşadım. Umarım size de aktarabilirim.

İş hayatımda da özel hayatımda da en sık duyduğum cümlelerden birisi, “Ben seni böyle bilmiyordum!”dur. Aynı takımı, aynı formayı paylaştığım ya da aynı masada kahve içme, sohbet etme şansı yakaladığım hemen herkesten duydum bunu. İnsanların benimle ilgili önyargıları olmuştur hep; ta ki beni tanıyana kadar. Herkesle yüz yüze görüşüp tek tek kendimi anlatma imkânım olmadığından bu kitabın benim adıma, benim kelimelerimle aynı işi göreceğine inanıyorum. O nedenle bu kitabı alıp okuyan siz değerli okurlardan hakkımdaki bütün önyargılarınızı bu sayfada bırakarak bir sonraki sayfaya geçmenizi rica ediyorum. İnanıyorum, şu an bu sayfaları okuyan sizin kafanızdaki Tümer Metin karakteri ile son sayfayı okuduğunuzdaki aynı olmayacak.

Sevgi ve saygılarımla...

Tümer Metin

1

Kozlu, çocukluk, Doğanspor

> Ne kadar değişirsen değiş... İlk nerede mutlu olduysan, hep oraya çevirirsin kafanı!
>
> J. Christophe Grange

Ben hatırlamıyorum ama ailemin anlattığına göre küçükken iki tutkum varmış: Biri askerler diğeri futbol... TRT'li yıllarda, televizyon yayını bittikten sonra ekranda İstiklal Marşı'yla birlikte askerler görünmeye başladığında, ben de oyuncak tüfeğim ve yalandan miğferimle ayağa kalkıp asker duruşuyla İstiklal Marşı'nı okurmuşum. Diğer zamanlarımda da, yaşıtlarım arabalarla, oyuncaklarla oynarken, ben evde yün yumaklarına vuruyormuşum. Hatta rahmetli dedem, benim yumaklara sol ayakla vurmama kızıp; her seferinde "Oğlum cici ayağınla vur şu topa" diye uyarırmış beni. Bunlar ailemin anlattığı şeyler... Futbol sevdamla ilgili hatırladığım en eski anım hepsine ayrı ayrı isim verdiğim toplarım... Bana gelen hediye toplara, kimden gelmişse ona göre isimler vererek saklar, onlarla saatlerce sıkılmadan oynardım. Beni "Tutuş" diye çağıran dedemin aldığı topun adı "Tutuşlu top", mahalleden Ali Abi'nin aldığı topun adı "Alili top" idi. İsimlerini üzerlerine yazardım. Bir de sünnet hediyesi olarak aldığım ilk meşin topumu dün gibi hatırlarım. Kuzenim Osman ile aynı anda sünnet olmuştuk. İkimiz yan yana aynı yatakta yatarken onun elinde oyuncaklar, benim elimde sadece aldığım en değerli sünnet hediyesi olan meşin top vardı.

Kendimi bildim bileli, çocuk aklımın yettiğince hep bir futbol tutkum vardı. O kadar ki, küçükken evdekilerin büyüyünce ne olacaksın sorusuna "Ahmet Abi olacağım ben" diye cevap verirdim. Ahmet Abi aile dostumuzdu. Asıl adı Faruk Bahadır'dı. Ama nedense bilmem herkes onu "Ahmet" diye çağırırdı. Dolayısıyla benim için de Ahmet Abiydi. Aynı mahallede oturuyorduk. Zonguldakspor'un kalecisiydi. Ben büyüyünce Ahmet Abi olacağım derken aslında futbolcu olacağım demek istiyordum. O zamanlar ne televizyonda futbol maçı yayını ne de statta canlı bir maç izlemişliğim vardı. Ben de onun gibi olmak istiyordum. Ne futbolu ne de futbol kelimesini biliyordum. Ama onun yaptığı işi yapmak istediğimi biliyordum. O yüzden içimdeki isteği Ahmet Abi olmakla açıklamaya çalışıyordum.

Çocukluğum, tepe, söğüt ağacı

14 Ekim 1974'te Zonguldak'ın Kozlu ilçesinde doğdum. Zonguldak maden ocaklarıyla bilinen bir işçi şehridir. Aynı zamanda kendi ilçeleri arasında farklı dinamikleri olan bir şehirdir. Mesela Kilimli Zonguldak'ın bir ilçesi olmasına rağmen Kilimlililer, sorulduğunda Zonguldaklıyız yerine Kilimliliyiz derler. Aynı şekilde Kozlulular da... Benim için Kozlu demek; çocukluğum demek, tepe demek, söğüt ağacı demek...

Tepe dediğim yer, evimizin 50 metre ötesinde madenden çıkan fazla moloz ve kömürlerin yığılmasıyla yükselmiş ve zamanla tepe haline gelmiş bir yer aslında. Çocukluğum gece gündüz o tepede top oynamakla geçti benim. Oynayacak kimseyi bulamadığım zamanlarda bile tek başıma saatlerce oynardım. Annem eve girmem için her seslendiğinde "10 dakika daha" diyerek, mutlaka en az yarım saat daha dışarıda kalırdım. Çocukluğuma dair en güçlü anıdır o tepe.

Bir de söğüt ağacı... Eskiden Kozluspor Kulübü'nün bahçesinin içindeydi. Sonra kulübü başka yere taşıdıklarında söğüt ağacı yolun ortasında kaldı ama altında oturduğumuz taburelerle birlikte bugün bile yerinde duruyor.

O zamanlar, ağacın altındaki küçük taburelerde, sokak kaldırımında herkesin belirli bir yeri vardı. Herkes hep aynı yere otururdu. Bir Gökhan Abimiz vardı mesela... O olmadığı zamanlarda bile onun yerine kimse oturamazdı. O yoksa onun yeri boş kalırdı. İnsanların doğup büyüdükleri yer, büyürken etraflarında rol model olarak gördükleri kişiler ister istemez onların gelişimini ve karakterini etkiler. Ben buna çok inanırım Gökhan Abi'nin soyadını ya da ne iş yaptığını hatırlamıyorum. Gökhan Abi'yi de tam olarak hatırlamıyorum. Bizden büyüktü; aynı söğüt ağacının altını paylaşmak dışında bir şey paylaşmamıştık. Ama hikâyemi anlatırken, değinmeden geçemeyeceğim bir Gökhan Abi karakteri var hayatımda. Farklı alışkanlıkları olan bir adamım ben. Alışkanlıklarımdan kolay kolay vazgeçemem. Her zaman, bildiğim tanıdığım aynı yer

Dedem ve ben.

ve mekânlara gitmeyi severim. Bundan sıkılmam. Evimde de gittiğim yerlerde de hep aynı yerde otururum. Bu alışkanlık bana Gökhan Abi'nin hediyesi sanırım. Bizden yaşça çok büyük olan Gökhan Abi'nin söğüt ağacının altında hep aynı yerde oturması, o yokken hiçbirimizin, korkuyla karışık saygıdan onun yerine oturamamamızın bende bıraktığı bir iz olsa gerek. Evimde, koltuğun hep aynı köşesinde oturur; her yıl yaz tatilinde gittiğim Çeşme'de hep aynı yerden denize girer; iskelenin aynı köşesinde güneşlenirim. Larisa'da yaşadığım yıllarda da her gün mutlaka kahve içmek için uğradığım, zamanla çok iyi arkadaş olduğumuz Lefteris'in Mikel Cafe'sine de ilk gittiğim gün, oradaki yerimi seçtim ve Larisa'da yaşadığım üç yıl boyunca her gün aynı kafenin, aynı masasının, aynı cepheye bakan sandalyesinde içtim kahvemi.

Bugün hâlâ ne zaman ailemi ziyarete gitsem, söğüt ağacının altında birkaç dakikalığına da olsa oturur o eski günleri düşünürüm. Özellikle Beşiktaş transferiyle İstanbul'a geldikten sonra sosyal hayatımın, çevremin ve daha birçok etkenin sayesinde tabii ki çok geliştim. Zevklerim, hayattan beklentilerim değişti. Hatta Yunanistan'a gittikten sonra hayata bakışım daha da değişti. Bugün de okuduğum her kitapla, yaşadığım her olayla yeni bir şeyler öğreniyor; gelişiyorum. Ama inkâr etmediğim ve etmeyeceğim; beni ben yapan, kişiliğimi, hayallerimi, hedeflerimi, birçok konuda temelimi oluşturan ve her şeyiyle gurur duyduğum bir gerçek var: Ben maden işçisi bir babanın oğlu olarak Kozlu'da doğup büyüyen, Kozlu'daki tepeden çıkıp büyük kulüplerde ve yurtdışında futbol oynamış; milli takım forması giymiş biriyim. Onlarca hatta yüzlerce futbolcuya nasip olmayan başarılar ve mutluluklar yaşadım.

Futbol adına hayalini kurduğum hemen hemen bütün mutlulukları yaşadım diyebilirim. Ama şu var ki; bütün bunlar için çalışmaya da yine o onlarca hatta yüzlerce kişinin gerisinde başladım. Belki de bu yüzden hayatta istediğim her şey oldu ama geç oldu. Samsun'dan İstanbul'a transferim de milli takım formasını giymem de, yurtdışına çıkmam da... Belki de bu yüzden hepsinin kıymetini birçoklarından daha iyi bildim...

Futbol sevgimin en yakın tanıkları: Babam ve amcam

Bütün her şey, önce yün yumakları, sonra "tutuşlu top", sonra meşin topun peşinden koşmamla başladı. Şanslıydım ki; ailem her zaman futbola olan tutkumu destekledi. Şimdilerde artık hemen her ilde spor okulları var. Aileler kendileri çocuklarını spor okullarına yazdırıp teşvik ediyorlar. Benim çocukluk dönemimde sporcu, özellikle futbolcu olmak ailelerin çocukları için istediği bir şey değildi. Hatta hiç de iyi bir şey olarak görülmüyordu. Eminim benim ailem de üniversiteye gidip başka bir meslek sahibi olmamı tercih ederdi o zamanlarda... Başarılı bir öğrenciydim, derslerim de iyiydi. İnanıyorum bir yerlerinden tutunurdum yine hayata. Ama içimde engel olamadığım bir tutku vardı. Başka şeye konsantre olamıyordum. Üniversite sınavına ilk girdiğim yıl, sınav kâğıdına adımı yazdıktan sonra görevliye ne zaman çıkabileceğimi sorup sınavda kalmam gereken mecburi süre dolduktan sonra ilk çıkan olmamın nedeni de buydu.

Futbol sevgimin en yakın tanıkları ailemde babam ve amcamdır. İkisi de beni en başından beri hep desteklediler. Babam da, Şükrü Amcam da emekli olana kadar yıllarca Zonguldak maden ocaklarında çalıştılar. Amcam futbolla, babamdan daha ilgiliydi hep. Beni elimden tutup Zonguldakspor altyapısına o yazdırdı. Fanatik Fenerbahçelidir. Ama hiçbir zaman beni Fenerbahçeli yapmaya çalışmadı. Her zaman Metin Tekin hayranlığımı ve çubuklu forma hayalimi destekledi. Fenerbahçe'de oynamam gibi bir hayali olmamasına rağmen (en azından bunu hiç dile getirmedi) transferimden sonra aradığım ilk kişilerden biriydi.

O kadar çok sevinmişti ki; telefonu kapattığı an yola çıkıp İstanbul'a gelmişti. Bununla birlikte, Beşiktaş'ta oynadığım yıllarda kendisinden epeyce küfür yemişliğim de vardır. Fenerbahçe ile Kadıköy'de oynadığımız bir maça amcamı davet etmiş, uzun zamandır görüşemediğimiz için de maçtan sonra Zonguldak'a dönmeden mutlaka tesislerde beni görmeye gelmesini söylemiştim. Fenerbahçe 2-1 öndeyken benim asistimle Ahmed Hassan gol atmış ve maç 2-2 berabere bitmişti. Maç sonrası tesise gelmesine rağmen, benimle konuşmayan amcama işimi yaptığımı anlatmaya çalışsam da asistimden dolayı sıkı küfür yemiştim.

İşin esprisi bir yana amcam beni Zonguldakspor altyapısına yazdırdığı ilk günden itibaren hep yanımda oldu. Oynadığım her takımda ve statta maçlarımı, hatta Zonguldak'ta oynadığım dönemlerde fırsat buldukça antrenmanlarımı da izledi. Beni nereden izlediğini göremesem de sahada yaptığım iyi bir hareketten sonra gururla; ya da kafamın öne düştüğü, kötü olduğum anlarda destekle; tribünden onun "koçum" sesi hep geldi kulağıma. Futbola olan sevgimde babamdan daha çok destek vermiştir bana. Futbol sevdamın arkasında duruşuyla, manevi desteğiyle hep yanımda olmuştur. Başarılarım karşısında her zaman bana gururla baktığını biliyorum.

Beş yaşındayken okula gideceğim diye tutturmuşum!

Kozlu'da evimizin önü. Kız kardeşim Hande (en önde), elinde top olan ben ve arkadaşlarımız.

Dört kişilik çekirdek aile

Çocukluğumda bütün aile, Kozlu'da her tuğlasını kendi yaptırdığımız üç katlı evde oturuyorduk. Annem ve babam hâlâ aynı evde yaşıyorlar. O zamanlar, bir dairede annem, babam, ben ve kız kardeşim Hande; birinde Şükrü Amcam ailesiyle, diğer dairede de babaannem ve halam otururdu. Dedemden gelen gelenekleri koruyan ataerkil bir aileyiz. Daha çok küçük yaşlarımda dedemin; babam, amcam, ben ve amcamın oğlu Osman dahil, ki henüz dört ya da beş yaşlarındaydık o zamanlar, ailenin bütün erkek çocuklarını toplayıp hepimizi bayram sabahı erkenden namaza götürdüğünü hatırlıyorum. Her bayram sabahı bizim için aynı rutinde geçerdi. Hep birlikte bayram namazına gittikten sonra, dönüşte mahalle bakkalından bayram gazetesi alır, mahallenin kahvesinde oturur, bir yandan çay kahve içer gazete okur, bir yandan ahaliyle bayramlaşırdık. Namazdan sonra kahvede bayramlaşma faslıyla oyalandıktan sonra eve dönerdik. Çok erken yaşlarda neden namazdan sonra doğrudan eve gitmediğimizi anlayamazdım. Sonraki yıllarda aklımın ermeye başladığı yaşlarda babamın neden bayram namazı sonrası eve gitme faslını uzattığını daha iyi anladım. Bizim ailenin rutinleri arasında bayram sabahları annemle babamın kavgaları da vardı. Annem, babam, kız kardeşim Hande ve ben, dört kişilik çekirdek ailemizde hepimiz nev-i şahsına münhasır karakterlerde insanlarız.

Annemle babam, birbirlerinin ilk aşkı olarak birbirlerini çok severek evlenmelerine rağmen, farklı kişilikleri, yıllardır süren evlilikleri boyunca birçok konuda, bazen tatlı bazen sert kavgalara neden olmuştur. Babam yıllarca sabahın erken saatlerinde kalkıp işe giden, güne erken başlayıp erken bitiren; annem ise bütün evin işi, yemeği ve her şeyimizle ilgilenen kusursuz bir ev kadını olmasına rağmen babamın tam tersi geceleri sabaha kadar uyuyamayan, sabahları da doğal olarak erken uyanamayan biridir. Babamla annemin arasındaki bu farklılık her bayram sabahı kavga nedeni olurdu. Bayram namazı sonrasında aynı apartmanda oturduğumuz babaannemin evinde, amcam, halam, kuzenlerimle birlikte kahvaltı için toplanır, annemin de bize dahil olmasını beklerdik. Sonunda babam, annemi uyandırmak için yanına gider ve sonrasında mutlaka aralarında kavga çıkardı.

Annem çok duygusal bir kadındır. Aramızda tarifi zor, çok özel bir bağ vardır. Ama sanırım ben biraz daha babacıyım. Hayatım boyunca babama duyduğum sevginin yanında her gün yerin binlerce metre altına girmesine ve o zor şartlarda çalışıp bize bakmasına duyduğum çok büyük bir saygı ve minnet vardır. Ataerkil bir aileden gelmenin doğal sonucu olsa gerek, ikisinin de karşılaştırılamayacak emeklerine karşın, o kavgalarda hep için için annemin babama anlayış göstermesini beklerdim.

Sünnetimde gelen en anlamlı hediyeyle...

Doğanspor'da takım arkadaşlarımla. Ön sırada en sağdaki benim.

Yine de çocukluğuma dair en büyük özlemlerimden biri bayram sabahlarıdır. Samsun, Beşiktaş ve Fenerbahçe'de oynadığım dönemlerde, bayramların sezona denk gelmesi nedeniyle Zonguldak'ta olamamak beni üzse de yine de takım içinde bir bayram havası ve kutlaması mutlaka olurdu. Yunanistan'da bu nedenle bayram sabahları hep çok kötü hissederdim. En azından Türkiye'de ailemden ayrı da olsam takım arkadaşlarımla bayramlaşır, o bayram coşkusunu hissederdim.

Yunanistan'da bayram günleri, ailem ve akrabalarımı bayramlaşmak için aradığımda o heyecanının telefonu kapattığım an bitmesi; başka bir ülkede ve gurbette olduğumu en çok hissettiren anlardan biriydi.

Yüzlerce çift çorap

Söylediğim gibi farklı alışkanlıkları olan bir adamım ben. Bunlardan biri de çoraplara olan düşkünlüğümdür mesela... Yakın çevrem bilir bu takıntımı. Yüzlerce çift çorabım var her renk ve desende... Yine de dayanamaz sürekli yenilerini eklerim dolabıma... Nedenini bilmiyorum; doğumumla ilgili bir şey olduğuna inanıyorum. Doğumumdan sonra hemşireler beni odaya getirdiğinde, odadakilerden birisi ayaklarımın soğuk olduğunu söylemiş. Nuriye Halam hiç konuşmadan odadan çıkıp bir süre sonra elinde bir çift çorapla geri gelmiş. Bugün çoraplara olan takıntımın o günle bir bağı olduğuna eminim.

Benim doğumum, beni hastanede kucağına aldıktan sonra bir daha hiç indirmeyen Nuriye Halam'ın yeniden doğumudur... Bu dünyada bana anne ve babamdan daha yakın, üzerimde sonsuz emeği olan tek insandır. Ben doğmadan önce, kısa süren kötü bir evlilik yapmış; daha sonra baba evine dönmüş ve yaklaşık bir yıl kendisini eve kapatıp dünyaya küsmüş. Bir yıl sonra benim doğumumla birlikte halam da yeniden doğmuş. Gerçi kendisinin sonradan anlattığına göre, annemin hamileliği süresince hep kız yeğeni olsun istemiş, erkek olduğunu öğrendiğinde suratı asılmış, ta ki beni kucağına alana kadar...

Beş altı yaşlarıma kadarki dönemi hatırlamıyorum ama halamla ilgili hatırladığım en eski anım; onunla birlikte İstanbul Pastanesi'ne gidişlerimizdir. O zamanlar halam bir tekstil firmasında çalışıyordu. Zonguldak'ta dönemin en şık giyinen kadınla-

Nuriş ve ben.

rındandı. Çok da güzeldi. Onunla yolda yürürken, "Hala gir koluma" diyerek koluna girer, kendimce onu sahiplenirdim, ona dönen bakışlardan. Pastaneye giderken her seferinde yolda kitapçıya uğrar, boyama ya da hikâye kitabı alırdık. Ben supangle yerken halam da bir yandan aldığımız hikâye kitabını okur ya da benim boyama kitabını boyamama yardım ederdi. Eve dönüş yolunda mutlaka yine o kitapçıya sokardım halamı. Bana hiçbir zaman hayır diyemezdi. Benim hayallerimi dinler, beni teşvik ederdi. Futbol topuna olan düşkünlüğümü de, hayallerimi de bilirdi.

Bana ilk kramponumu halam almıştı. İş için birkaç günlüğüne İstanbul'a gitmiş, dönüşte hediye olarak getirmişti. Dün gibi hatırlıyorum; siyah, yanlarında turuncu şeritleri olan bir krampondu. Herhangi bir marka veya pahalı bir model değildi ama benim için dünyalar değerindeydi. Futbol hayatımın son yedi sekiz yılında giydiğim, benim için önem teşkil eden kramponları saklıyorum. Keşke şu an o da olsaydı onların arasında... Onu da saklamış olsaydım... En değerlisi olarak...

Çok mutlu etmişti beni halam o kramponları hediye ettiğinde... Zaten hayatımın bütün mutluluklarının içinde Nuriş mutlaka vardır. Hep yanı başımda oldu en özel anlarımda...

Halamın gerçek adı Nuriye olmasına rağmen ailede herkes, yeğenim Reşat Ali dahil, "Nuriş" der. Yakın zamana kadar hasta olduğunda, ben nerede olursam olayım ev ahalisinden biri beni arayıp halamı aramamı söyler; ben de arardım. Sesimi duyunca anında iyileşirdi halam... Artık benim pabucum dama atıldı gerçi. Kız kardeşim Hande'nin oğlu, yeğenim, canımın bir parçası Reşat Ali, Nuriş'in yeni ilacı. Zamanında bana verdiği sevgiyi, şimdi aynı heyecanla yeğenime verdiğini gördüğümde; onları birlikte oynarken izlediğimde, çok daha iyi anlıyorum halamın üzerimdeki emeğini...

Halamı üzdüğüm, daha doğrusu kızdırdığım, unutamadığım tek anım ortaokul son sınıfta onun isteğiyle girdiğim askeri lise sınavıdır. O dönemde ben Zonguldak altyapısında futbola başlamıştım. Sanırım o zamanlarda ailem hâlâ futbolu benim için geçici heves olarak görüyordu. Oysa ben kafamda ne olmak istediğime karar vermiş, futbolu yaşam biçimim olarak seçmiştim. Ama yine de bir yanımda, çocukluktan gelen asker olma merakı da vardı.

Futbol ya da askeri öğrencilik

Hem halamı kıramadığımdan hem de aslında iki çocukluk hayalini bir arada yapabilir miyim acaba düşüncesiyle, Nuriş'in elinden tutup Zonguldak'tan Heybeliada'ya gidip sınava girdim. Sınav iki aşamalıydı. Önce fiziksel aktivitelerin olduğu bir testten geçmek, sonra da yazılı sınava girmek gerekiyordu. Zonguldak altyapısında futbol oynamamın avantajıyla fiziksel bütün testlerden başarıyla geçtim. Tek sorun boyumun istenilen kriterlerin birkaç santim altında olmasıydı. Yaş itibariyle ergenlik dönemi olduğu için boyumuzun uzayabilme ihtimalini göz önünde bulundurarak, benim gibi testten geçen ama boyu istenilenden birkaç santim kısa olanlar bir kurula giriyor ve o kurul sonucuna göre yazılı sınava girip girmeyecekleri belli oluyordu. Nuriş beni dışarıda heyecanla bekliyordu. Yetkililer, bir saat sonra kurula gireceğimi ve bu sürede dışarıda beklememi söylediler. Fiziksel testlerden geçmiştim ve kuruldan da geçeceğime inanıyordum. Bana bir saat sonra gelmemi söyledikleri anda her şey daha bir ciddileşti kafamda. Hem asker hem futbolcu olamazdım. Bir seçim yapmalıydım. Eğer kurula girersem ve geçersem bu seçimi yapamazdım. Ailem bu seçimi bana bırakmaz; futbol sevgimin önünde engel olup beni askeri liseye gönderirlerdi büyük ihtimalle. O an o seçimi *benim* yapmam gerekiyordu.

Dışarı halamın yanına çıktım ve ona boyumun kısa olmasından dolayı testi geçemediğimi söyledim. Halam çok üzülmüştü. Bir süre birlikte adada gezdikten sonra dönmek üzere vapura bindik. Vapur adadan yeteri kadar uzaklaştıktan sonra halama aslında testten geçtiğimi ve bir saat sonra kurula girmemi istedikleri-

Babamla.

ni ama asker olmak istemediğim için ona yalan söylediğimi söyledim. O an, benim adıma üzülüp, teselli etmek için adada gezdiren şefkatli halam gitmiş yerine sonuna kadar haklı, sinir yumağına dönüşüp bana bağıran halam gelmişti. Asker olmak istemiyorsam neden ona bu kadar yol getirttirdiğimi soruyordu; haklıydı. Ama çocuk aklımla beynimden geçenleri ona söyleyememiştim.

Pele ya da Maradona değil, Metin Tekin

Yün yumaklarına vurmakla Zonguldakspor altyapısına yazıldığım yıllar arasında bir de Doğanspor ve Nadir Abili bir dönem var benim hayatımda. Sanırım 8-12 yaş aralığım... Hayallerimde Ahmet Abi olmaktan, Sarı Fırtına Metin Tekin olmaya terfi ettiğim dönem... Hâlâ canlı bir maç izlemişliğim yoktu ama Nadir Abi ve Doğanspor sayesinde mahalleler arası yaptığımız maçlarla futbol oynamaya başlamıştım. Gazetenin verdiği posterler sayesinde de Metin Tekin hayatıma girmişti. Ailede hemen herkes Fenerbahçe'yi tutarken; bende, Sarı Fırtına sayesinde, çubuklu forma hayalleri ve Beşiktaş sevgisi başlamıştı. Herkes Maradona, Pele olmak isterken mahalle maçlarında, ben hep Metin Tekin oluyordum.

Doğanspor ve Nadir Abi

Doğanspor, Nadir Abi'nin tamamen kendi cebinden harcadığı paralarla kurduğu bir mahalle takımıydı. Nadir Abi aslında, şimdilerde küçükler ligi *(scout)* olarak daha profesyonelce yapılan şeyi, o zamanlar amatörce ve sadece futbol sevgisiyle yapıyordu. Kozlu'nun yetenekli çocuklarını toplayıp, amatör bir takım kurup, mahalleler arası maçlarla çocukları yetiştiriyordu. Ben de Nadir Abi'nin seçtiği çocuklardandım. Takımımızın adı Doğanspor'du. Nadir Abi, kendi parasıyla bize mavi beyaz formalar diktirmiş, tozluklar almıştı. Kozlu'da bir tane toprak saha, arkasında da kireç kırmızısı bir beton saha vardı. O kırmızı saha aslında basketbol sahasıydı. Ama biz Nadir Abi sayesinde antrenmanlarımızı beton sahada yapıyorduk. O sahanın bize ayrılması ve orada her gün antrenman yapmak bizim için bir ayrıcalık ve lükstü. Minyatür kalelerle üçe üç, dörde dört maçlar yapardık. Nadir Abi de bütün gün orada olur, bizi izlerdi. Okul saatleri dışındaki bütün zamanım, o sahada antrenman ve diğer mahallelerle maç yapmakla geçti. O kırmızı beton saha bana mental olarak

Çekirdek aile, Düden Şelalesi'nde.

futbol tekniklerini, futbol zekâsı denilen şeyin var olduğunu, futbolun sadece ayağına gelen topa vurmak olmadığını, o topun sana geldiği saliseler içerisinde bir adım öncesini görüp, bir adım sonrasını düşünmek gerektiğini öğretti.

Benim ilk takımım oldu Doğanspor. Nadir Abi'nin diktirdiği o formalar bizi bir takım yapmıştı. Kozlu'da futbolcu doğan benim gibi yetenekli çocuklardan oluşan takımımızla, o beton sahada diğer mahallelerle sayısız maç yaptık. Hepimiz okul dışında kalan saatlerimizi o sahada geçiriyorduk. En çok vakit ayırabilen çocuklardan biri bendim. Okul dışında bütün vaktim futbol oynamakla, antrenman yapmakla geçiyordu. O dönemde babam hâlâ maden ocağında çalışıyordu. Hiç kaytarmadan okula gitmek, ödevlerimi yapmak ve babamın eve geldiği saatte evde olmak dışında bir zorunluluğum yoktu benim.

Diğer çocukların bazılarının, babalarının kasap, bakkal veya tekel bayilerinde onlara yardım etmek gibi zorunlulukları da oluyordu. Hepimizin ortak tutkusu futboldu. Hepimizin farklı hayatları, farklı sorumlulukları farklı aile yapıları vardı. Ama o sahada buluşup birlikte futbol oynadığımız süre boyunca, bütün dertlerimiz ve sıkıntılarımız donuyordu. Hatta zorunlu olarak gidilen okul da, durmak zorunda kalınan baba dükkânı da, daha bir çekilir oluyordu, hele ki ucunda iple çekilen bir mahalle maçı varsa...

Ailem o beton sahada geçirdiğim saatlere hiçbir zaman karışmadı. Belki de beni, ergenlik ve gençlik dönemlerime denk gelen 80'lerde, politik olaylara bulaşmaktan ya da kötü alışkanlıklar edinmekten uzak tuttuğu, hatta disipline ettiği için karışmıyorlardı. Öyle ki, babam futbolcu olmak istiyorsam erken yatmam, uykumu almam, düzenli ve disiplinli olmam gerektiği yönündeki telkinleriyle, kendiliğimden, birçok şeyden uzak durmamı sağladı. Zaten sonuçta, dünyanın en zevkli ve keyif veren oyununu oynuyordum; okuldan ve derslerden "arta kalan" zamanlarda...

Çocukken hep arta kalan zamanlarda oynadığım futbolun ilerde sadece kendinden arta kalan zamanlarda bir şeyler yapmama izin vereceğini bilmeden...

Bizim dönemimizdeki her erkek çocuğun, çocukluğuna ait bir anıdır mahallede futbol oynamak. Doğanspor ve mavi beyaz formayla birlikte, benim için futbol oynamak, çocukluğuma ait bir anı olmaktan çıkıp hayatım oldu.

2

Zonguldakspor altyapı ve Zonguldakspor A Takımı

Bir kıvılcım düşer önce,
Büyür yavaş yavaş...

Melike Demirağ

Doğanspor ilk “takımım” olarak, bana futbolla ilgili çok şey katmasının yanı sıra, daha da önemlisi bana “evet ben futbolcu olmak istiyorum” dedirtti. Aile içinde de futbola olan tutkumun gün geçtikçe arttığının fark edilmesiyle, Şükrü Amcam elimden tutup beni, o zamanlar 1. Lig’de oynayan memleketimin takımı Zonguldakspor altyapısına yazdırdı. O zamanlar ortaokul öğrencisiydim. Altyapıya yazıldığım ilk günü dün gibi hatırlıyorum. Kulübün kapısından içeri girdiğim anı... O aidiyet duygusunu... Bir takımın, bir kulübün bir parçası olma hissini...

Bir yandan her şeyin hayal gibi geliştiğini, diğer yandan da hayallerimin yavaş yavaş gerçekleştiğini hissediyordum. Sayısız geceler, odamda yatağımın tam karşısındaki duvarda asılı Metin Tekin posterine bakıp hayaller kurarak uyumuşumdur. Aynı takımda aynı forma altında oynadığımızı... Tabii ki çubuklu forma... Ona asist yaptığım bir gol sonrası birlikte sevindiğimizi... Ve daha nicelerini... Tamam, kabul, tam olarak hayallerim gerçekleşmedi belki ama işte oradaydı. Benden birkaç adım ötede... Zonguldakspor-Beşiktaş maçı... Aynı forma altında değildik ama aynı sahadaydık... Attığı golün asistini atmamıştım ona belki ama kullandığı taç atışı için kenardan topu ona ben atmıştım. O, hayalini kurduğum çubuklu formayı giyiyordu. Ben Zonguldakspor altyapı oyuncusu olarak kenarda top toplayıcıydım. Taç atışını kullanmak için kenara, bana doğru yürürken; ben duvarımdaki resmin canlandığını hissettim. O kenara doğru hızlı adımlarla *yürürken ben ona topu attım.* Top ona doğru giderken dondu her şey *bir anda.* Bir fotoğraf karesi gibi... Top havada asılı kaldı. Dünya durdu. *Dakikalar, saatler, günler geçti öylece... Benim zihnimde...* Artık her şey mümkündü hayatta benim için...

Volkan Yayın ve Giray Bulak

Uzun yıllar sonunda Zonguldakspor denilince akla ilk gelen isimlerden oldum. Zonguldakspor denilince benim aklıma gelen ilk isimler ise, hayatımda çok önemli yeri olan Volkan Yayın ve Giray Bulak...

Volkan Yayın, altyapıdaki hocamdı. Hayatıma ilk girdiği dönemde tahminen 13 ya da 14 yaşlarındaydım. Bir yandan zorunlu okul, bir yandan da gönüllü futbol okulu devam ediyordu. Daha sonraki yıllarda Kozlu'da oynadığım kısa sürede de, Zonguldakspor A takımında kaptanlık yaptığım dönemde de tekrar hocam olarak hayatıma girdi. Futbol kariyerimdeki önemli isimlerden biridir. Benim Zonguldakspor altyapıda futbola ilk başladığım dönemden, Tümer Metin olduğum sürece en yakından tanıklık edenlerdendir.

Zonguldakspor altyapıda, toprak ya da çim sahaya hiç inmeden hep kulübün önündeki beton sahada antrenmanlar yaptık. O beton saha bana çok şey kattı futbol adına. Oyun stilimi de, gelişimimi de çok etkiledi. Benim için söylenen; "kreatif oyuncu", "çözen oyuncu", "yetenekli oyuncu" gibi sıfatlar, hiç şüphesiz, o sahanın bana kattıkları sayesinde sahip olduğum özelliklerdir. O sahada zekâ oyunu oynar gibi dörde dört maçlar yapardık. Benim için o maçlar, bulmaca çözmek gibiydi ve ben de bulmaca çözmede çok iyiydim.

Volkan Yayın'la altyapıda geçirdiğim birkaç yıldan sonra kendimi artık bir sonraki basamağa çıkmaya hazır hissediyordum. Maalesef ki ben ve o dönem benim gibi altyapıdan yetişip bir üst takıma geçmeye hazır arkadaşlarımın aksine Zonguldakspor, arka arkaya önce ikinci, sonra da üçüncü lige düştü.

Hayatta teğet geçilen bazı anlar vardır. O anlarda, eğer bir "şey" farklı olsa, sonrasındaki her şeyin farklı gelişebileceği anlar... İşte benim hayatımdaki o anlardan biri Zonguldakspor A takımına çıktığım yıldır. Benim A takıma çıktığım yıl Zonguldakspor 1. Lig'de oynuyor olsaydı; belki de çok daha erken yaşlarımda çok daha farklı bir kariyere sahip olabilirdim. Bunu şimdi söylemenin bir anlamı yok. Ben kadere inanan biriyim. Çok şükür ki dönüp baktığımda, evet güzel bir kariyerim oldu; hayalini kurduğum neredeyse her mutluluğu yaşadım diyebiliyorum.

Benim altyapıdan yetişip, kendimi artık bir takımda oynamaya hazır hissettiğim dönemde, Volkan Yayın, o zaman amatör ligde oynayan Kozluspor'a transfer oldu. Beni de Kozluspor'a aldı.

Zonguldakspor 1996-97 sezonu (ayakta en sağda).

Zonguldak'a dokuz kilometre uzaklıkta olan Kozlu, benim doğup büyüdüğüm, ailemle yaşadığım yer. Hem beni tanıyan, bilen, yetiştiren hocamla aynı takımda olmak; hem de ailemden ayrılmak zorunda olmadan amatör ligde futbol oynama imkânı bulmak o dönem benim için Zonguldakspor'un yaşadığı sorunlar içinde en güzel çözüm oldu. Volkan Yayın'la iki yıl Kozluspor'da oynadım. Bu sürede liseden mezun olmamla birlikte, okul hayatım da benim için resmi olarak bitti.

Amatör ligde oynayan Kozluspor'da çok başarılı geçen iki sezon sonunda, tekrar Zonguldakspor'a transfer oldum. O zaman Zonguldakspor 2. Lig'de oynuyordu. Zonguldakspor'a imza atmama rağmen, dönemin kulüp başkanı rahmetli Şemsi Denizer, beni daha çok süre alıp oynayabilmem ve pişmem için Zonguldakspor'un kardeş takımı 3. Lig'de oynayan Kilimlispor'a gönderdi. 1 yıl Kilimli'de çok başarılı bir sezon geçirdikten sonra bir sonraki yıl Zonguldakspor A takımına geçtim.

Kilimlispor'da oynadığım dönem, liseden mezun oluşumun ertesi yılıydı. Babam futbola olan tutkumu ve futbolcu olmak istediğimi bilmesine rağmen, tekrar üniversite sınavına girmem için beni dershaneye yazdırdı. İlk sınavdan hemen çıkmama çok kızmıştı. Futbolcu olsam bile, yine de mutlaka üniversiteye gitmemi istiyordu. Bir yandan Kilimlispor'da oynuyor; bir yandan da dershaneye gidiyordum. İlk iki ay ikisini birden idare etmeyi başardım. Antrenman ve maçlarımın olduğu günlerde dershanede mazeretli sayılıyordum. Aslında başarılı da bir öğrenciydim. Ama kafamda sadece futbol ve futbol oynamak olduğu için başka hiçbir şeye konsantre olamıyordum. Babamdan çekindiğim ve korktuğum için bir şey de diyemiyordum. İki ayın sonunda kendime sahte bir veli bularak, dershaneden kaydımı sildirdim. Evden her sabah aynı saatte, elimde kitaplarla, dershaneye diye çıkıyor, antrenman dışındaki saatlerde atari salonlarında ve dışarıda vakit geçiriyor, dershanenin bitiş saatinde eve dönüyordum. Bu arada babamın her ay verdiği dershane parasını da harcıyordum. Bir gün yine dershaneden(!) eve doğru yürürken, evimizin önündeki kalabalıktan kötü bir şey olduğunu anladım. Eve girdiğimde babamla göz göze geldim. "Şimdi acım var ama seninle sonra konuşacağız!" dedi. Babaannemin annesi, ben sabah evden çıktıktan bir saat sonra vefat etmiş; babam da dershaneyi arayıp beni eve göndermelerini rica ettiğinde, kaydımın aylar önce silindiğini öğrenmişti. Cenaze sonrası babamdan hayatımda yediğim birkaç tokattan birini yedim ki sonuna kadar hak etmiştim.

Babamın ikramiyesi, benim profesyonelliğim

1994-95 sezonunda, Kilimlispor'dan Zonguldakspor'a geçtiğimde, Zonguldakspor 2. Lig'deydi. Zonguldak'ta A takımı oyuncusu olarak artık tanınan biriydim. O günün şartlarında, genç bir oyuncu olarak iyi paralar da kazanıyordum. Liseden yeni mezun 19-20 yaşında kendi parasını kazanan biri ve artık "profesyonel" bir futbolcuydum. Hâlâ ailemle birlikte yaşıyordum. Kazandığım parayla evimizin ihtiyaçlarını ve ödemelerimizi rahatlıkla karşılayabiliyorduk. Ben her zaman "para" kavramını ve paranın hesabını bilen biriydim. Babam 25 yıl, maden işçisi olarak yerin binlerce metre altında çalıştıktan sonra emekli oldu. 55 milyon lira emekli ikramiyesi aldı 25 yılın sonunda... Ben aynı yıllarda, Zonguldakspor'a imza atıp, bir yıllığına 60 milyon lira peşin, toplam 100 milyon liraya anlaştım. Babamın 25 yıl sonunda aldığı ikramiye bana her zaman cetvel oldu. Profesyonel olarak ilk paramı kazandığım günden itibaren, çalışan milyonlarca insandan çok daha yüksek paralar kazandım. Ama bunun da hep farkında oldum. Kendi kazandığım para hiçbir zaman kendi param olmadı. Babam tek maaşla, yıllarca bütün aileye bakmıştı, şimdi benim

Zonguldakspor tesislerinde arkadaşım Levend Sakar'la (1995).

de ona katkıda bulunma zamanım gelmişti.

O dönemde kendime ait bir arabam yoktu; onun yerine eve destek oluyordum. Antrenmanlara otobüs ya da dolmuşla gidip geliyordum. Babamın emeklilik ikramiyesi ve benim ilk transfer paramı birleştirip bugün hâlâ her yaz ailemin gittiği Alanya'daki yazlığımızı almıştık.

Zonguldakspor'da toplam üç sezon oynadım. O üç yıl boyunca takım içerisinde sahip olduğumuz arkadaşlık ortamını hiç unutamam. Tesis imkânlarımız kısıtlı olmasına rağmen arkadaşlık ortamımız çok iyiydi. Zonguldak'ta evim olmasına, ailemle yaşama şansım olmasına rağmen ben de çoğu zaman arkadaşlarımla tesislerde kalıyordum. Ailesinden uzak gurbette olan arkadaşlarımı bırakıp eve gittiğimde, kendimi kötü hissediyor; annemin yaptığı yemekleri yerken vicdan azabı çekiyordum. O yüzden çoğunlukla annem tesislere yemek yapıp getirirdi. Bütün takım onun evladı gibiydi. Bugün hâlâ o günlerden birçok arkadaşımla görüşür, birlikte halı saha maçları yapar, eski günleri ve özellikle annemin yemeklerini yâd ederiz.

Zonguldakspor'daki ilk yılımda çok iyi arkadaşlık ortamına karşın, takım olarak ligde çok başarılı bir sezon geçirmedik. İkinci yılda, futbol kariyerimde çok önemli bir yeri olan Giray Bulak takıma hoca olarak geldi. Onun gelmesiyle benim futbol hayatım değişti. Giray Hoca bize Trabzonspor'dan gelmişti. İnanılmaz bir fiziği, diksiyonu, duruşu vardı. Futbolcuyla iletişimi çok farklıydı. Bana futbolcu olduğumu o hatırlattı. Benim için bir rol modeldi. Sadece futbol bilgisi değil, duruşu, konuşması, genel kültürü, her şeyiyle...

Takımın başına geldiği ilk günü ve ilk toplantımızı hiç unutmuyorum. Hepimizi toplayıp bize profesyonelliği tarif etmişti. Sonrasında dönüp, bizim için başarının ne demek olduğunu sormuştu. Takımın yaş olarak en küçüklerindendim. Herkesten sonra ben cevap verdim. Herkes farklı cevaplar verdi: İyi para kazanmak, iyi arabaya binmek, marka kıyafetler giymek, lüks yerlere gitmek, iyi evlerde oturmak....vb. Sıra bana geldiğinde ben bütün söylenenlere katılmakla birlikte; bütün bunların zaten işimi doğru yaparsam geleceğini; dolayısıyla başarının, işini en doğru şekilde yapmak olduğunu söyledim. Giray Hoca daha sonra toplantıyı bitirdiğinde beni odasına çağırdı ve "Seni yıllardır takip ediyorum. Adın büyük kulüplerde geçiyor. Doğru yoldasın. Bir gün hayal edemeyeceğin yerlere geleceksin" dedi. Ondan bu sözleri duymak beni daha da motive etmişti.

Futbolculuğuma kattığı şeyler dışında, bana dünya görüşü ve fikirleriyle de çok şey kattı. Bana her zaman okumamı söylerdi. Ne olursa olsun, ister gazete ister roman ama mutlaka okumamı söylerdi. Bir gün bir yerlere geldiğimde, karşımda üst düzey kişilerle konuşmak, kendimi anlatmak, yeri geldiğinde hakkımı aramak durumunda kaldığımda, kendimi ifade etmemin ve ifade etme şeklimin çok önemli olduğunu; bunun için de bol bol okuyarak kendimi geliştirmem gerektiğini söylerdi. Verdiği öğütleri bütün kariyerim boyunca hiç aklımdan çıkarmadım.

1. Lig'in kapısından dönmek

Giray Bulak'la geçirdiğimiz güzel bir yıldan sonra altyapıdaki hocam Volkan Yayın, 1996-97 sezonunda takımın başına geldi. Giray Hoca da yine bir başka 2. Lig takımı olan Karabükspor'a hoca oldu. Benim Zonguldakspor'daki üçüncü yılımdı. Duygusal bir bağımız vardı Volkan Yayın'la. Aynı takımın altyapısında beni yetiştiren, kulübün önündeki o beton sahada tozu birlikte yuttuğumuz hocam, tekrar A takımda hocam olmuştu. Benim nereden nereye geldiğimi en iyi bilen isimdi. Onunla Zonguldakspor'daki en iyi, en başarılı yılımızı geçirdik. 1. Lig'in kapısından döndük. O sezonun benim için bir başka anlamı daha vardı. "Ahmet Abi olacağım ben büyüyünce" dediğim Ahmet Abi, gerçek adıyla Faruk Bahadır; takımımızda kaleci antrenörü ve aynı zamanda Volkan

Zonguldakspor takım otobüsünde (1995).

Hoca'nın yanında yardımcı antrenördü. Yıllar sonra tekrar karşıma çıkan çocukluk idolüme yine gerçek adıyla hitap edememiş, bütün yıl bir tek ben Ahmet Abi diye seslenmiştim. Bütün yıl boyunca fikirleriyle, yönlendirmeleriyle çok desteğini gördüm.

Bizim 1. Lig'e çıkamadığımız o sezon, Giray Bulak, Karabükspor'u 1. Lig'e çıkarttı. Sonrasında yine 1. Lig takımı olan Vanspor'a geçti ve beni de transfer etmek istedi. Artık 1. Lig'de oynama zamanım gelmişti. Aynı anda Bursaspor da beni istemişti. Ama Giray Hoca'nın Vanspor'un başında olması ve beni tanıyor olması daha ağır bastı ve Vanspor'a imza attım. O zamanlar bonservis sistemi farklıydı. Zonguldakspor, ben Vanspor'a imza atıp, kamplarına katıldıktan sonra benim bonservisimi 80 milyar lira olarak açıkladı. O döneme göre astronomik bir paraydı. Karşılıklı görüşmeler sonunda bir anlaşma sağlanamadı ve sözleşmem iptal oldu. Ben Vanspor ile bir aylık kamp dönemi geçirmeme rağmen Zonguldakspor'a, 2. Lig'e geri dönmek zorunda kaldım.

3

Samsunspor, Samsun günleri ve Beşiktaş transferi

Hayatım bozulur altüst olur
diye korkma! Kim bilebilir
hayatın altının üstünden daha
güzel olmadığını...

Şems-i Tebrizi

Futbol topuyla tanıştığım ilk andan itibaren her şey çok netti kafamda. Bir çocuğun sınırsız hayal gücü ve karşılıksız sevgisiyle başlamıştı futbol sevgim. Bilinçsizce vurulan yün yumaklar, beton sahada geçen çocukluk, Doğanspor, Zonguldak altyapı, Kilimlispor ve sonrasında Zonguldakspor A takımı... Her şey düzeninde, her şey sırasında oluyordu. Geç oluyordu ama sıralama bozulmuyordu, oluyordu sonunda. Hep bir sonraki adıma geçiyordum. 2. Lig'den 1. Lig'e, Vanspor'a gitmem de, sıralamada bir sonraki adımdı ve olmuştu işte.

Bir ay süren kamp döneminin sonunda bonservis sorunu nedeniyle Zonguldakspor'a dönmem bu yüzden benim için çok travmatik oldu. Hem fizik hem kafa olarak 1. Lig'e hazırdım. O motivasyonla çok iyi bir kamp dönemi geçirmiştim. Bir ayın sonunda Giray Hoca, bonservis bedeli nedeniyle Zonguldakspor'la anlaşma sağlanamadığını ve geri dönmek zorunda olduğumu söyledi. Kamptan ayrıldım.

Zonguldak'a gitmeden, doğrudan, Alanya'da yazlıkta olan ailemin yanına gittim. Vanspor ile geçirdiğim bir aylık kamp döneminden sonra hemen Zonguldak'a dönüp, Zonguldakspor'la çalışmalara başlayacak psikolojide değildim. Van-İstanbul, İstanbul-Antalya uçtuktan sonra, Antalya-Alanya arası bir saatlik yolda, taksinin arkasında ilk kez hayallerimden uzaklaştığımı hissettim. Bir basamak daha yukarı çıkmışken, ilk kez geri adım atmıştım. İlk kez, beni o güne kadar motive eden, ilerlememi sağlayan o gücün, o amatör ruhun tükendiğini hissettim. Gece yatarken kurduğum Sarı Fırtına hayallerimin, sadece ona kenardan top atmakla sınırlı olduğunu düşündüm.

Antalya'dan taksiye bindikten sonra yolda gördüğüm ilk marketten bir sürü içki aldım ve yolda hepsini içtim. Annem, babam ve kız kardeşim evin önünde, deniz kenarında oturmuş beni bekliyorlardı. Taksiden indiğimde yürüyemeyecek kadar sarhoştum. Zor da olsa yanlarına yürüdüm; yere oturdum. "Galiba buraya kadar" dedim ve ağlamaya başladım.

Ailem de benimle aynı üzüntüyü yaşıyordu. Onlar da en az benim kadar üzgün olmalarına rağmen, bir yandan da beni teselli etmeye çalışıyorlardı. Dört beş gün Alanya'da onlarla birlikte kaldıktan sonra, Zonguldak'a döndüğümde biraz daha iyiydim. İlk günden itibaren biliyordum kolay olmayacağını ama sanırım ilk kez pes etmeye bu kadar yaklaşmıştım. Tabii ki artık hayatım olan futbol topuna öyle kolayca veda edemedim. Kendimi, yeniden 1. Lig hedefiyle, başarılı bir sezon geçirmek için motive etmeye çalıştım.

Samsunspor

Önümde iki seçenek vardı: Ya futbolu bırakacaktım ya da futbol benim nerede oynamama izin veriyorsa orada oynamaya devam edecektim. Her ne kadar, benim için yeri her zaman farklı olan Zonguldakspor'da, fiziksel ve mental olarak zamanımı doldurduğuma inansam da ben ikincisini seçmiştim. Zonguldak'a döndükten kısa bir süre sonra sezon başladı. İlk hafta oynamadım. İkinci hafta Beylerbeyi'yle oynamak için İstanbul'a geldik. Aden Otel'de kampa girdik. Artık sezon başında yaşadığım o kötü olayı unutup, tüm enerjimi tekrar Zonguldakspor'a vermeye başlamıştım. Kampta maçı bekliyorum.

2. Lig'le birlikte 1. Lig'de de sezon aynı hafta başlamıştı. Ligde ikinci hafta maçları oynanacaktı ama henüz transfer dönemi de bitmemişti. O dönemde Zonguldakspor Başkanı olan, rahmetli Şemsi Denizer ile Samsunspor Başkanı İsmail Uyanık kamp yaptığımız Aden Otel'in lobisinde gıyabımda transfer görüşmesi yapmış, el sıkışmış ve Samsunspor'a transfer olmuştum. Ben odamda maç saatini beklerken, telefonla lobiye çağırıldım. Aşağı indiğimde, rahmetli Şemsi Denizer, "Hayırlı olsun" dedi. İki başkan da ertesi günü oynanacak Beylerbeyi maçında herhangi bir sakatlık yaşanmaması için oynamamı istemediler. Ben ertesi gün maçı tribünden izledikten sonra Zonguldak'a geri döndüm. Çan-

Samsunspor 1998-99 sezonu.

tamı toplayıp, babam ve amcamla birlikte Samsun'a gittim. Ligler başladıktan üç hafta sonra tekrar 1. Lig'e dönmüştüm. 1997-98 sezonunda her şey çok hızlı ve benim kontrolüm dışında gelişmişti.

Vanspor'a transfer olamamam ile Samsun'a transferim arasında geçen sürede, içimde yaşadıklarımı kelimelerle anlatmam imkânsız aslında. Vanspor'a gidemediğim için yıkılan dünyam, sendeleyen hayallerim, kariyerimde ilk defa yaşadığım umutsuzluk ve tarifsiz bir travmaya karşı, birkaç hafta sonra gerçekleşen Samsunspor transferi, bütün o çektiğim acıların bir sebebi olduğunu anlamamı sağladı.

O acılar benim Samsunspor'a transfer olmam içindi. Samsunspor'a transfer olmam gerekiyordu çünkü... Bu transfer benim için sadece 2. Lig takımından 1. Lig takımına yapılmış bir transfer değildi çünkü... Bu transfer; 1. Lige, Sarı Fırtına'ya, Beşiktaş'a, çubuklu formaya, Cansu'ya ve bugün hâlâ hayatımda olan birçok dostuma doğru yapılmış bir transferdi.

Odam ve "Annem annem..."

Her şey çok hızlı gelişmişti. Otel lobisinde iki başkanın Samsunspor'a transfer olduğumu söylemelerinden birkaç gün sonra kendimi, 23 yıldır yaşadığım, her şeyin başladığı ilk günden itibaren her şeye şahit odamı toplarken bulmuştum. Zonguldakspor'da oynadığım yıllarda; günler, hatta haftalarca evimden uzak kaldığım ya da arkadaşlarımla tesislerde kaldığım zamanlar oluyordu. Ama sonuçta bir odam vardı beni bekleyen... Ne kadar ayrılsam da dönüp geliyordum; doğup büyüdüğüm, hayallerimin doğup büyüdüğü odama... Bu sefer durum farklıydı. Biliyordum ailemi her ziyaret edişimde tekrar odamda kalacağımı, yatağımda yatacağımı... Ama yine biliyordum ki; bundan sonra hep *misafir* olacaktım o odada...

Eşyalarımı topladım. Yanıma duvarımdan bir iki şiir aldım. Zonguldak doğup büyüdüğüm, futbolu öğrenmeme, futbolu oynamama, futbolcu olmama tanık olan memleketimdi. Ben şehri, şehir de beni tanıyordu. Evden adımımı attığım an, önünden geçtiğim bakkalından, yolda çeviren trafik polisine kadar tanıyor ve tanınıyor olmanın verdiği güven duygusu çok farklıydı. Ayrılmak çok zor ve duygusaldı... Samsun'a gidişimle değişen, sadece lig ve üzerimdeki forma rengi değildi benim için... Tam olarak adlandıramıyordum o an ama hayatımda yeni bir döneme girdiğimi hissediyordum.

Samsun'daki ilk aylarım duygusal olarak çok zor geçti. Bir yandan takıma adapte olmaya çalışıyor; bir yandan evimi, ailemi çok özlüyordum. Bir antrenman sonrası, odamdan dışarı çıkmak üzere hazırlanırken, açtığım bir ayakkabı kutusunun içerinde el yazısıyla yazılmış bir not buldum:

> Canım oğlum,
>
> Seninle her zaman övünüyor, gurur duyuyoruz. Nerede olursan ol biz hep senin yanındayız. Kendine çok iyi bak yavrum. Seni çok seviyorum.
>
> Annen

O an tam da duymaya ihtiyacım olan cümlelerdi bunlar. Sanki annem yanımdaydı. Sanki elini omzuma koymuş ya da bana sarılmış, kulağıma fısıldıyordu. Yanımda değildi ama her an yanımda olduğunu hissettirmeyi başarmıştı.

Ben eşyalarımı toplarken ayakkabı kutularından birinin içine yazıp koymuştu notu... Çok duygulanmıştım. En beklemediğim ama en ihtiyacım olan anda bulmuştum. Annemle aramdaki bu özel iletişim yolu, Samsun'dan sonraki yıllarda da devam etti. Annem Samsun'a, İstanbul'a, Yunanistan'a her gelişinde bana, mutlaka karşıma çıkacak yerlerde notlar bıraktı. Bazen mutfak dolabının içine, bazen hep giydiğim ceketimin cebine ama her zaman

Kardiyoselektif Betabloker

Canım Yavrum,
Sana Allah
herşeyi gönlünce
versin. Sen Anneni
babanı unutmadıkça
Oda seni unutmaya-
caktır... kendine iyi
bak, önce yuvanda
mutlu ol ondan sonra
her şey düzlür, zaten
Hayatta tek dileğim
sizleri mutlu sağlıklı
görmek yavrum,
Seni çok seviyom
(Annen)

Canım Yavrum

Her zamanki gibi annen yine
birşeyler karalama ihmal etmedi
Saat sabahın 5'i hala uyumadık
Handeyle ikimiz. Sana dolma sardık
pişirdik. Çantayı hazırladık. huzurla
afiyetle ye yavrum. Babanla bera-
ber gidecektik ama böyle kısmet-
miş annem) sen iyisin değil mi
sakın kafanı birşeylere takma annem
yoksa bu rahatsızlığı kolay atla
tamazsın. ilaçlarını kullanmayı
ihmal etme. yavrum, bu günleride
atlatacaksın inşallah. Senin sabrına
güveniyorum sen o güzel azminle
herşeyin üstesinden gelecaksın.
Allaha her zaman dua ediyorum
çocuğumun yardımcısı ol diye. Sen
ona inandığın müddetce onun senin
yanında olduğunu unutma- Seni çok
seviyorum annem. herşey gönlünce
olsun yavrum, seni öpüyorum öpüyorum
doyasıya- öpüyorum.

bulabileceğim ve benim yanımda olduğunu hissettirecek yerlere bıraktı notlarını. Bu notlar annemin her zaman benim yanımda olduğunun bir işaretiydi benim için.

Annemin bana yazdığı notu bulduğum zamanla eşzamanlıydı sanırım. Mahsun Kırmızıgül'ün yeni kasedi çıkmıştı. İçinde bir şarkı vardı: "Annem Annem". İlk dinlediğimde araba kullanıyordum. Bir an boğazımda bir şeyin düğümlendiğini hissettim. Bütün o aile özlemi, gurbet, takıma adapte olmaya çalışmanın verdiği baskı, yeni bir hayat kurmanın verdiği heyecan, hepsi sanki o şarkının içindeydi. Üst üste onlarca defa dinledim.

Anlatamıyordum, tarif edemiyordum... Mutluydum aslında, istediğim şeyler oluyordu hayatımda... Ama bir yandan da açıklayamadığım bir ruh haliyle durgun; annemin yazdığı küçük bir notu bulduğum an ağlayabilecek kadar duygusaldım.

Moralimin bozuk olduğu bir akşam, telefonu kaldırıp evi aradım. Şarkı arka fonda düşük sesle çalarken, ben de eşlik edip söylemeye başladım. Şarkı bittiğinde hiçbir şey söylemeden kapattım telefonu...

Larisa ile İtalya'da kamp yaptığımız dönemde, takım arkadaşım Panu ile izinli olduğumuz bir öğleden sonra şehirde gezerken, bir meydanda oturup sohbet ediyorduk. Panu'nun annesi şeker hastasıydı ve bizim kampta olduğumuz sırada bir operasyonla bacağını kesmek zorunda kalmışlardı. Morali çok bozuktu. İkimiz de birbirimizin annesiyle tanışıyorduk. Ameliyatın başarılı geçtiği haberini aldıktan sonra biraz rahatlamıştık. Annelerimiz hakkında konuşurken, Panu'ya annemle aramda özel bir şey haline gelen "Annem Annem" şarkısını anlattım. Sonrasında onun yanından annemi aradım.

Hiç konuşmadan şarkıyı söyledim yine, annem ağlamaya başladı. Telefonu kapattım. Panu, konuşmadan sadece şarkı söyleyip telefonu kapatmama şaşırmıştı. Ona konuşmaya gerek olmadığını, şarkının sözlerinin her şeyi anlattığını söyledim.

Annemle aramda her zaman çok özel bir bağ olmuştur. Bazen notlarla, bazen bir şarkıyla, bazen telefonun bir ucunda ama hiç konuşmadan anlaşmış, birbirimizi anlamışızdır hep...

Annemi arayıp o şarkıyı ilk söylediğimde yıl 1998'di. Bugün hâlâ ne zaman kendimi kötü hissetsem, ne zaman bir şey olsa ararım annemi. Saat fark etmez, açarım telefonu; ben şarkıyı söylerim o dinler; sonra hiç konuşmadan kapatırız. Anlar ki bir şey olmuştur ama hemen arayamaz... Ertesi günü arar mutlaka "Oğlum iyi misin?" diye...

"1. Lig bana göre değilmiş"

Samsun'a gittiğimde ligler başlayalı birkaç hafta olmuştu ve takımda bir hoca boşluğu vardı. Takımın sezona başladığı hoca kovulmuş; yeni hoca adaylarıyla görüşmeler devam ediyordu. Benim gidişimden sonra takıma Çek hoca Joseph Jarabinsky getirildi. İlk haftalar hemen hemen hiç oynamadım. Kadrodaydım hep ama hiç oynamıyordum. Takımda hali hazırda birkaç yıldır birlikte oynayan oyuncular vardı. Allah biliyor, çok iyi takımdık. İlk iki ayım zaten yeni şehre, yeni takıma adaptasyon süreciyle geçti. Takımın oyuncularının çoğunun yıllardır birbirini tanıyan ve birlikte oynayan oyuncular olması, bu sürecin biraz daha uzun sürmesine neden oldu.

Takımın göl kenarındaki tesislerinde kalıyordum. Tesis çok güzel, odalar tertemizdi. Her futbolcuya bir oda düşmesine rağmen, oyuncular pek tesiste kalmıyordu. Benimle birlikte o dönemde bir tek, takım arkadaşım Cihan Koyun tesiste kalıyordu. Babam ve amcam transfer sonrası beni tesislere yerleştirip Zonguldak'a dönmüşlerdi. Antrenman dışındaki saatlerde Cihan'la birlikte vakit geçiriyorduk.

Antrenmanlarda çok çalışarak takımda; yeni yeni arkadaşlar edinip, sosyalleşerek şehirde "forma" kapmaya, yer edinmeye çalışıyordum. Yaklaşık iki ayın sonunda, şehre ve yeni takıma iyice alışmış; hayat arkadaşım Cansu'yla tanışmış; kendime yeni arkadaşlar edinmiştim. Her şey yoluna girmişti hayatımda. Artık tek

Samsunspor antrenmanı. 1999-2000 sezonu.

hedefim formayı kapmaktı. O günlerde bir akşam, bütün takım yemek yedik. Yemek sonrası hoca ve çoğu yönetici ayrıldı. Masada yönetici kadrosundan sadece, Samsun'un sembol isimlerinden ve aynı zamanda dönemin futbol şube sorumlusu Emin Kar kaldı. Masadaki sohbette konu dönüp dolaşıp bana geldi. Emin Abi benim yanımda benim için "Çok iyi oyuncu, çok yetenekli ama daha hazır değil" ifadesini kullandı. O dönemde, yöneticilerin de, hocanın da benimle ilgili genel kanısı buydu. Hakkımdaki bu yorum, bende bir yandan hırs etkisi yapsa da, diğer yandan her duyduğumda sinirlenmeme neden oluyordu. Emin Abi'nin o lafı üzerine ani bir çıkışla yumruğumu masaya vurup, "Ben bu takımda öyle ya da böyle oynayacağım" (tabii daha argo ifadelerle) dedim.

1. Lig'de ilk 11'de oynadığım ilk maç kendi sahamızda oynadığımız Galatasaray maçıydı. Galatasaray'ın başında Fatih Terim vardı ve tarihlerinin en iyi kadrolarından birine sahiplerdi. Hagi, Hakan, Okan, Arif, Suat, Ümit.... Hepsi efsane isimlerdi. Ben, hem yeni takımda ilk kez 11'de çıkmanın; hem mevkim olmayan sol bek oynamanın; hem de Galatasaray'a karşı oynamanın tedirginliğiyle çıktım maça.

Hiç unutmuyorum o maçta kırmızı kramponlarla oynamıştım. 54 dakika oyunda kaldım ve çok kötü oynadım. Oyundan çıktığımda soyunma odasında kramponlarımı çıkarttım ve kendi kendime, "1. Lig bana göre değilmiş" dedim.

Galatasaray maçı gibi çok önemli bir maçta, kendim gibi oynamayarak, kendimi gösterme fırsatını kaçırmıştım.

Soyunma odasında kramponlarımı çıkarttıktan sonra makası aldım ve kramponlarımı kesip çöpe attım. Babamı aradım, "1. Lig bana fazla baba, galiba olmayacak!" dedim. Babam her zamanki gibi sakin bir şekilde beni teselli etti.

Sanırım o maçtan iki yıl sonraydı. Yine Galatasaray'a karşı bu kez Ali Sami Yen'de bir maç oynadık. Hagi yine takımdaydı. O maçı 2-1 kazandık ve bu kez inanılmaz iyi oynadım. Maçtan sonra İsmail Uyanık geldi, "Kafanı sahanın içine verip, konsantre olduğun zaman inanılmaz iyi bir oyuncusun. Gelişimin, dışarıdan o kadar iyi görünüyor ki..." dedi. Çok mutlu oldum. Doğru yolda olduğumu hissettim.

As takıma karşı yedeklerle...

İlk yarının bitimine üç maç vardı. Yine kadroda ama yedeklerdeydim. Kale arkasında ısınıyordum. O maçta bir oyuncumuz kırmızı kart, üç oyuncumuz sarı kart gördü. Son dakikalarda oyuna girdim. Kırmızı kart gören oyuncumuzla birlikte, sarı kart gören oyuncular da bir sonraki maç kart cezalısı durumuna düştüler. Sonraki maçımız Bursaspor'la olacaktı ve takımın dört as oyuncusu cezalıydı. O maça ilk 11'de çıktım ve çok iyi bir performans gösterdim. O gün inanılmaz yağmur yağıyordu. Maçı 3-2 kazandık. Ben de çok iyi oynadım. Ertesi günü yerel gazetelerde bir fotoğrafımı kullanmışlardı. Fotoğrafta, sanki duşun altındaymışım gibi her yerimden sular akıyordu. Bir sonraki hafta evimizde oynadığımız maç öncesi ısınmaya çıktığımızda taraftarlar "Yağmur adam" diye birini çağırıyorlardı tribüne. Hiçbirimiz anlamadık önce. Sonra beni çağırdılar adımla ve sonrasında yine "Yağmur adam" tezahüratı yapılınca anladım. O maçtan sonra Samsunspor'da oynadığım yıllar boyunca tribünler tarafından "Yağmur adam" diye çağırıldım. Futbol kariyerimde bunun dışında bir lakabım da olmadı. O da Samsun'da kaldı zaten.

Devreye takımın ilk 11'inde yer edinmiş; formayı kapmış bir oyuncu olarak çok moralli girdim. Devre arasında Pamukkale'ye kampa gittik. Hem kendimi gösterme fırsatı bulup formayı kapmış olmanın mutluluğu hem de ikinci yarıda daha iyi performans gösterme hırsıyla çok çalıştığım, çok iyi bir kamp dönemi geçirdim. Kampta belki de kariyerimin sonraki yıllarına yön veren bir olay yaşadım: Kendi adıma çok başarılı geçen kampta, tüm hazırlık maçlarında ilk 11'de oynamama rağmen, kampın bitimine birkaç gün kala oynanan taktik hazırlık maçında yedek takımda oynadım. İkinci yarının ilk maçında hocanın beni ilk 11'de düşünmediğini anlamıştım. İki haftalığına kaptığım formayı yine kaybetmiştim. O hazırlık maçında yedek takım olarak as takımı kelimenin tam anlamıyla "perişan" ettik. İki üç gün sonra ligler başlayacaktı. Hoca çok sinirlenmişti. Akşam yemekten sonra bir toplantı yaptı. Yedek takıma yenilmiş olmalarından dolayı as takıma çok ciddi şekilde kızdı. As takım oyuncuları, uzun kamp döneminin etkisi olduğunu, konsantre olamadıklarını, maçta daha iyi performans göstereceklerini söylediler. Benim aklım başka bir şeye takılmıştı. Hocadan söz istedim. Hoca, as takımda olmadığımdan dolayı serzenişte bulunacağımı düşündü. Oysa ki ben, başka bir şeye takılmıştım. Ben hocanın as oyunculara kızarken, "Yedek takım sizden daha iyi oynadı" demesine tepkiliydim. Söz aldıktan sonra hocaya, bu tepkimi dile getirerek "Ben tabii ki as takımı zorlayıp daha iyi oynayacağım. As takımı zorlamazsam nasıl formayı alacağım ki?" dedim. Hoca anlamıştı benim ne demek istediğimi... Üç gün sonraki maçta ve devamında sezon sonuna kadar hep ilk 11'de oynadım.

Cansu, "Nerelerdesin sen?" ve evlilik

Samsun'daki ilk aylarımdı... Hem ailemden uzakta olmanın verdiği buruklu̇k hem henüz takıma adapte olamamanın ve forma şansı bulamamanın verdiği sıkıntılı dönemde Samsun'da tanıştığım ve iyi arkadaş olduğumuz Uğur Tatar aracılığıyla tanıştım Cansu'yla... "Bir Tat Pastanesi"nde... Ben şehre yeni gelmiş bir futbolcu, o futbolla uzaktan yakından ilgisi olmayan bir üniversite öğrencisiydi. Pastaneden içeri girip Uğur'un oturduğu masaya doğru yürürken, aynı masada oturan Cansu'yu görmüştüm. Aslında birkaç hafta önce yine Uğur'un yanında tanışmıştık ama bu defa farklıydı.

Masaya yaklaştım, bir sandalye çekip Cansu ile Uğur'un arasına oturdum. Cansu'ya dönüp "Nerelerdesin sen?" dedim. Cansu'nun cevabı gecikmedi: "Asıl sen nerelerdesin?" O soru ilk tanışmamızdan sonraki birkaç haftayı kapsamıyordu aslında. İkimizin de birbirine sorduğu o soru, o ana kadar geçen yıllarda nerelerde olduğumuzun sorusuydu. Devamında edilen birkaç saat sohbet sonrası, Cansu'yu kaldığı öğrenci yurduna bırakmaya gönüllü oldum. Uğur önde yan koltuğa, Cansu arkaya oturdu. Arabayı çalıştırdıktan sonra dikiz aynasını ayarlarken, onunla göz göze geldiğimiz an hissettim onun benim hayat arkadaşım olacağını... O günden yedi sekiz ay sonra, sezon bitiminde evlendik.

Futbol ile uzaktan yakından hiç ilgisi olmayan Cansu, Samsun'daki ilk yılımda yaşadığım tüm sıkıntılarımı anlattığım en yakın dert ortağımdı. Hemen her gün görüşüyorduk. Cansu'ya her şeyimi anlatıyordum. Onun hayatıma girmesiyle birlikte gurbet daha çekilir hale gelmişti.

Evlenmeye karar verdiğimizde, önce aslında bir sonraki yılın devre arasında düğün yapmaya karar verdik. Ancak sezon bitimiyle Jarabinsky takımdan ayrıldı. Takıma hoca olarak, rahmetli kayınpederimin de arkadaşı olan Mehmet Ali Çınar getirildi. Alanya'da ailemin yanında kısa süreliğine tatil yaparken M. Ali Çınar'ın hoca olduğunu öğrendim. Kendisiyle yaptığım telefon görüşmesinde devre arası düğün izni veremeyeceğini söyledi. Telefonu kapattığımda deniz kenarında plajda, tek başıma oturuyordum. Görünürde iki seçenek vardı: Ya planladığımızdan altı ay sonra sezon bitiminde ya da hemen bir ay içerisinde, yeni sezon

Samsunspor-İstanbulspor maçı.

başlamadan evlenecektik. Benim içinse tek seçenek vardı: En kısa zamanda evlenecektik. Bir yıl daha beklemek istemiyordum. Mehmet Ali Çınar'la yaptığım konuşmanın hemen ardından sezon kampı programımızı öğrendim. Samsun Büyük Otel'i arayıp uygun olan bir tarih için anlaştım.

Bütün her şeyi ayarladıktan sonra Cansu'yu aradım ve devre arası izni olmadığını ve beklemek istemediğimi söyledim. Cansu, bu kadar kısa sürede yetiştiremeyeceğimizi söyledi. Her şeyi bana bırakmasını söyleyerek ikna ettim onu.

Plajdan koşarak eve gittim. Anneme; "21 gün sonra düğünümüz var, hazırlanmaya başla!" dedim ve o gece Samsun'a döndüm. İki gün içerisinde davetiyeler basılıp dağıtıldı. 13 Haziran 1998'de evlendik.

Tek eksiğimiz evimizdi. Eşyalarımızı almıştık ama 21 gün içerisinde ev bulamamıştık. Düğünün ertesi günü Antalya'ya balayına gittik. Beş günlük balayından sonra, ben Cansu'yu Samsun'da bırakıp kampa gittim. Kamp dönüşünde Cansu evi tutmuş, eşyaları yerleştirmişti. İlk evimizde de, ondan sonraki bütün evlerimizde de evi tutma ve taşınma işlerimiz hep Cansu'nun üstüne kaldı. Ben hep onun önceden yuva haline getirdiği evlere gittim.

Samsun'da başlayıp Yunanistan'da biten futbol hayatımın her adımında, Cansu hep yanımda oldu. Onun hayatına benimle birlikte, bambaşka bir dil, bambaşka bir dünya girdi. Her zaman her şeye çabuk adapte olmayı becerebilen, güçlü biri olarak bu duruma da çok kısa sürede alıştı. Samsun'da birlikte geçirdiğimiz mutlu ve huzurlu yıllar sonrasında Beşiktaş transferiyle İstanbul'a geldiğimizde de değişen çevre, şehir ve sosyal ortama benden daha çabuk adapte oldu.

Gönül verdiğim, çocukluk hayalim takımın formasıyla şampiyonluk yaşamanın yanında bir de Beşiktaş'ın 100. yıl şampiyonluğu olması, bu şampiyonlukta payımın olması ve hep hatırlanacak o kadroda olmanın verdiği gurur ve mutlulukla 100. yıl balosuna gittik Cansu'yla. Herkes oradaydı. Beşiktaş forması giymiş unutulmaz isimler, eski başkanlar, Beşiktaşlı ünlü simalar, eski yeni devlet adamları çok önemli isimler vardı. Bizim oturduğumuz masada da Semra Özal, Süleyman Seba gibi isimler vardı.

Cansu'nun gecenin ilerleyen saatlerinde sigara içmek için masadaki büyüklerden izin istemesi, bütün gece boyunca gerek konuşmaları gerek davranışları herkesi olduğu kadar beni de etkilemişti, kendisiyle bir kez daha gurur duymuştum.

Futbolcu için mutlu, huzurlu ve düzenli bir yuvası olması başarısında ve istikrarında çok önemli yer tutar. Ama bir futbolcunun eşi olmak zordur. Cansu, ki ben ona hep "Can" diye hitap ederdim; evlendiğimiz ilk günden itibaren çoğu zaman tek başına iki kişilik bir hayat sürdü. Sürekli kamplar ve deplasmanlar yüzünden ayrı geçen zamanlarda, birçok zorluğa ikimiz adına tek başına göğüs gerdi. Benim için hayatı her zaman kolaylaştırdı. İnsanlar eşlerinin "başarılarıyla" gurur duyarlar. Ben, Can'ın başlı başına hayattaki duruşuyla, benim eşim olmasıyla gurur duydum hep.

"Kadroda olmadığımı maça saatler kala öğrendim"

1998-99 sezonunda; Samsun'daki ikinci sezonum başladığında, takımın as oyuncularındandım artık. Evliydim. Düzenli bir hayatım, istikrarlı bir kariyerim vardı. Her şey çok iyi gidiyordu hayatımda. Takıma yeni hoca olarak Mehmet Ali Çınar gelmişti. Rahmetli kayınpederimin de arkadaşı olması nedeniyle sezon başında kendimi şanslı hissediyordum. Tahminimin aksine kendisiyle hiç anlaşamadık. Kendisi de zaten takımın başında sadece beş maç kalabildi. O beş maçın üçünde oynama fırsatı buldum; diğer iki maçta hiçbir gerekçe göstermeden oynatmadı beni. Hatta o maçlardan birisi Gençlerbirliği maçıydı ve kadroda olmadığımı maça saatler kala öğrendim. Sakatlık ve cezalı olmamın dışında kariyerimde birkaç defa kadroya girmediğim maç olmuştur. Bunların ilki de o Gençlerbirliği maçıydı.

Maç Samsun'daydı ve maç öncesi kampa girmiştik. Maçtan birkaç saat önce yardımcı antrenör bana kadroda olmadığımı söyledi. Bunun üzerine hocanın yanına gidip kadroda olmama nedenini sormadan sadece, "Beni oynatıp oynamamanız sizin tercihinizdir. Ama madem beni düşünmüyordunuz kadroda, neden kampa soktunuz? Evliyim biliyorsunuz ve kadroda değilsem kamp yerine evimde kalabilirdim" dedim. Mantıklı hiçbir açıklama yapamadı tabii ki....

Maçın başlamasına saatler kala otelden ayrılıp eve gittim. Cansu'yu aldım, birlikte stada geçtik. Soyunma odasında takım arkadaşlarıma başarılar dileyip maçı tribünden izledim. O maçta kötü bir şekilde yenildik. Maçın ertesi günü de hoca gönderildi.

O sezonu, M. Ali Çınar'ın gönderilmesiyle takıma gelen Metin Türel ile kötü bir durumda tamamladık.

"Ortalama adam"ı oynayamamak

1999-2000 sezonu sezon başında, Gerede'de kamp yaparken, Erdoğan Arıca takıma hoca olarak geldi. Erdoğan Arıca ve yardımcısı Metin Tekin'le antrenman öncesi bir sabah toplantısında tanıştık. Kısa bir tanışma faslının ardından antrenmana çıktık; düz koşuya başladık. Metin Tekin yanımda koşuyordu. Daha doğrusu ben onun yanında koşuyordum. İçimden, koşmayı bırakıp, ona sarılmak geçiyordu. Odamdaki posterini, yıllar önce kenardan ona attığım topu, onun hayaliyle geçen çocukluğumu, beni "Beşiktaşlı" yapışını, her şeyi bir çırpıda anlatmak istiyordum. Bedenim, antrenman sahasında düz koşu yapıyordu; beynimde ise bütün o anılar, topu ona attığım an donan kare ve hayallerim birbirine koşuyorlardı.

Hâlâ çok gençti. Hâlâ o posterdeki kadar yakışıklı ve karizmatikti. Futbolu yeni bırakmıştı. Çok sonraları, dostluğumuz gelişince anlattım ona da hayatımdaki yerini ve önemini... Beni şaşırtmamıştı. İnsanlar genelde, hayal kahramanları ya da idolleriyle tanışınca ya da yakınlaşma şansı yakalayınca, kafalarında çizdikleri o tablodan farklı olduğunu düşünür, hayal kırıklığına uğrarlar. Ben hayal kırıklığına uğramadım hiç. Metin Hoca'yı yakından tanıdığımda da, duruşu, kendine has konuşma tarzıyla bize bir şeyler anlatışı, bize hem hocalık hem arkadaşlık edişi tıpkı hayallerimdeki gibiydi.

Daha yeni tanıştığımız günlerde Gölcük depremi olmuş ve Metin Hoca birçok evini ve yatırımını kaybetmişti. Günübirlik Gölcük'e gidip hemen dönmüş, "Önemli değil, cana geleceğine mala gelsin" diyerek maddiyata önem vermediğini göstermişti.

Hayata çok farklı bakıyordu. Herkesin hayal kahramanının, idolünün bakması gerektiği gibi bakıyordu. Tanıdıkça hayal kırıklığı yerine ona olan saygınız ve sevginiz daha da artıyordu.

Kendisiyle bir yıl Samsun'da bir arada çalıştıktan yıllar sonra, milli takımda tekrar bir araya gelme şansı yakaladık. Fatih Terim'in, hiç tanışmıyorken ve birlikte hiç çalışmamışken beni milli takıma çağırmasında, bana inanıp güvenmesinde, Metin Hoca'nın ve Samsunspor'da son yılımda hocam olan Bülent Ünder'in etkisi olduğuna inanıyorum. Bunu ikisiyle de, hatta Fatih Hoca'yla da hiçbir zaman yüksek sesle konuşmadık. Bu sadece benim hissettiğim ve inandığım bir şey... Doğruluğunu Fatih Hoca'ya sormak lazım aslında.

Metin Hoca Samsunspor'da, birlikte geçirdiğimiz bir yılda beni yakından tanımıştı. Ne düşündüğümü, nasıl düşündüğümü, karakterimi, iyi kötü huylarımı biliyordu. Samsunspor'dan sonra yollarımız ayrılsa da, beni hep takip ettiğini biliyordum. Yıllar sonra Beşiktaş'ın 100. yıl balosunda karşılaştık. Onun sayesinde çubuklu forma hayalleri kurmaya başlamış; onunla aynı forma altında oynadığımızı hayal ederek yüzlerce gece uykuya dalmıştım. Aynı formayı giyemesek de hayat bana o hoca, ben onun öğrencisi olarak birlikte aynı takımda olmayı ve daha da önemlisi, gönül verdiğimiz takımın 100. yılını birlikte kutlamayı nasip etti.

Uzun zaman sonra 100. yıl balosunda hocayı görünce hemen masasına gittim; sarıldık. Kulağıma eğilip, “Neden bu kadar sivrisin? Neden bu kadar farklılaşıyorsun? Biraz daha ortalama adamı oynasana, ortalama adam olsana” dedi. Beni biliyor, tanıyordu. Ortalama olmazsam, sahip olduklarımı kaybedeceğimi düşünüyordu. Bulunduğun yerin ve konumun tadını çıkart, diyordu. Kendince haklıydı belki de ama ona “Hocam o zaman ben, ben olamam ki” dedim. Ki olamazdım da... Ortalama adamı oynayamazdım, tutamazdım kendimi... Sürekli kendimi kendim gibi olmaktan alıkoyarak başarılı olamazdım.

Sakin olmak ve olumlu düşünmek

Erdoğan Arıca Samsunspor'a hoca olarak geldiğinde birbirimizi tanımıyor, sadece ismen biliyorduk. Kampta ilk günlerimiz Metin Hoca'nın eşliğinde koşu antrenmanlarıyla geçti. Daha sonra top antrenmanları yapmaya başladık. Yine Metin Hoca'nın daha sonra anlattığına göre, ilk top antrenmanı sonrası Erdoğan Arıca'ya “Takımda Tümer diye bir oyuncu var, ayakları çok iyi.

Ben çok beğendim" demiş. Erdoğan Hoca da "Biliyorum Tümer'i, biraz kuvvetlenmesi lazım" demiş. Erdoğan Arıca ve Metin Tekin'le geçen başarılı sezonda hocanın dediği gibi epey kuvvetlendim.

Erdoğan Arıca, inanılmaz vizyonlu, çok farklı duruşu olan bir insandı. Hemen hemen her maç öncesi toplantısında şu lafı ederdi: "Başarılı insanlar son derece sakindir ve her zaman olumlu düşünürler." Erdoğan Hoca ve Metin Tekin ikilisi bana çok şey kattılar. Hem sosyal ve kültürel hem de futbol anlamında. İkisi de benim hayatımdaki önemli isimlerdendir.

Erdoğan Hoca, daha önce hiçbir takımda yapmadığımız hatta duymadığımız bir şeyi yaptırırdı bize. Maç akşamı, yani maçtan sonra kampa alırdı bizi. Maç sonrası, takım halinde eşlerle yemeğe ya da gece kulübüne giderdik. Ama dönüşünde, eşlerimiz evlere gider, biz takım olarak tesise dönerdik. Ertesi sabah, antrenman sonrası evlerimize giderdik. Tesiste o gece kâğıt oyunları oynar, takım olarak birlikte vakit geçirirdik. Metin Hoca da o gecelerin çoğunda bize katılırdı.

Bir masanın etrafında saatlerce oyun oynamak sıradan sosyal bir aktivite gibi görünse de, takım olma ve başarıda çok önemli yeri vardır. Takım halinde bir odada olabilmek çok önemlidir çünkü. Zonguldakspor'da da, Samsunspor'da da takım olarak birlikte geçirilen zamanlar başarımızda çok önemli rol oynadı. "Kumar olmayan yerde başarı olmaz" derdi Hüsnü Akın... Kendisi Zonguldakspor'da önemli bir isimdir... Onun söylemeye çalıştığı şuydu aslında ki bence de çok doğruydu: Bir odada, yanık, poker ne olursa olsun, dört beş kişi tarafından bir oyun oynanıyorsa; etrafında bir o kadar da izleyen olur. Dolayısıyla bütün takım odada olur, birlik beraberlik olur. Gırgır şamata olur, sohbet olur. Bir takımı antrenman dışında aynı ortamda tutmak zordur. Herkesin hobisi, zevki, eğlence anlayışı farklıdır. Ama takım olabilmek için, takım olarak yaşamayı bilmek ve sevmek gerekir. O nedenle, kamp sürecinde bir masanın etrafında birlikte geçirilen zamanların, başarılı olabilmenin anahtarlarından biri olduğuna inanırım.

Erdoğan Arıca ve Metin Tekin'le geçen güzel bir yılın ardından Samsun'da son sezonum olan 2000-2001'de, takımın başına Bülent Ünder geldi. Galatasaray'la dört yıl şampiyonluk yaşamış, UEFA Kupası kaldırmış, kariyerinde inanılmaz başarılar olan bir hocanın takımımıza gelmesi hepimizi heyecanlandırmıştı. O sene takıma aynı zamanda Beşiktaş'tan Ertuğrul Sağlam da katıldı. İlhan Mansız ve Ertuğrul Sağlam santrfor oynuyor, ben arkalarında oynuyordum. Bülent Hoca o sezon bana, Galatasaray'da Hagi'nin rolünü yükledi takım içinde. İlk toplantıların birinde, "Bana top kazanma, pres yapma, defansif anlamda bir şey yapma ama maç bitiminde istatistiklere bakacağım, Tümer Metin'in gol veya asisti var mı" dedi. O yıl gerçekten de kariyerimin en iyi istatistiğine sahip oldum. 12 gol, 12 asist... İlhan da 12 gol attı. İkimiz de o başarılı sezonun sonunda Beşiktaş'a transfer olduk zaten.

Samsunspor-Trabzonspor derbisi

Samsunspor-Trabzonspor maçları Karadeniz derbisiydi. O yıllarda 1. Lig'de oynayan yalnızca iki Karadeniz takımı vardı. Bu yüzden de çok önemliydi bu derbi... Samsun'a gittiğim ilk yılımda, ikinci hafta Trabzonspor'la oynadık. Derbi heyecanı, bütün şehirde hissediliyordu. Maçın olduğu hafta, bütün şehir bizi motive ediyordu. Pastaneci, benzinci, pideci vs. galibiyet primleri teklif ediyorlardı bize şehirde gezerken. İlk maçta ben oynamadım. Maçı 1-0 yenik durumdan 2-1 kazandık. Maç sonrası muhteşem bir sevinç yaşandı bütün şehirde. Henüz takımda ilk haftalarım olmasına rağmen, derbi öncesi ve sonrası şehrin yansıttıklarıyla Trabzonspor maçlarının önemini anlamış oldum.

İki yıl sonra yine bir Trabzonspor derbisi öncesi Başkan İsmail Uyanık beni çağırdı. Heyecandan kendini çiftlik evine kapatacağını ve maçı izlemeyeceğini söyledi. Takıma okumam için bir mektup verdi. O mektubu, onun ağzından, onun duygularını yansıtarak, benim okuyabileceğimi söyledi. Duygularını çok yoğun yaşayan ve çok da iyi ifade edebilen bir başkandı İsmail Uyanık. Maçtan önce hocanın konuşması bittikten sonra izin isteyerek okudum mektubu:

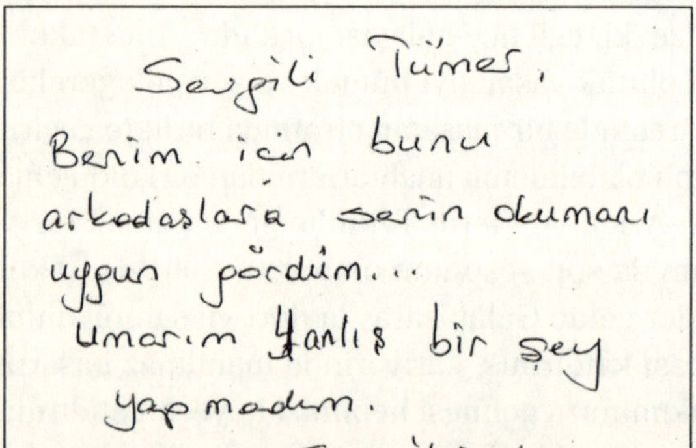
Sevgili Tümer,
Benim için bunu
arkadaslara senin okumanı
uygun gördüm...
Umarım yanlış bir şey
yapmadım.
Sevgilerimle...

Arkadaşlarım! (1)

Tümer'e okumasını rica ettim,
çünkü içinde bulunduğum ruhsal
durumum sizi olumsuz etkilemesini
istemiyorum...
10 Senelik SAMSUNSPOR
yöneticiliğimin son maçı,
hemde Trabzon maçı, hemde
önemli bir doğum günü
40. yaş günüm....
Trabzon maçlarının öncesi sonrası
film şeridi gibi beynimde
tam bir haftadır....
Maç önceleri size ifade
ettiğim duygu fırtınaları
... İnanın sizi dolduracak
kadar zeki değilim,
ama duygularımı ifade etmek
işe yaradı dönem dönem...

Bu günde hissettiklerim (2)
çok güçlü ve karışık....
O Stad, uğultu, ve canımdan
çok sevdiğim Samsunspor
takımı... o ışıkların
altında o şerefli
kurumumuzun arenası...
Bu yorgun beyin bu atmosferi
kaldıramaz....
BENİM son veda
maçımda BENİ TEMSİL YETKİSİNİ
size veriyorum...
BENİM adıma maç sonrası
kafalarınız dik olarak tribünlerle
vedalaşacak mücadeleyi verin..
Beraberliğin, sevginin, özverinin,
içi boş maketten kaplanları
nasıl parçaladığını gösterin...

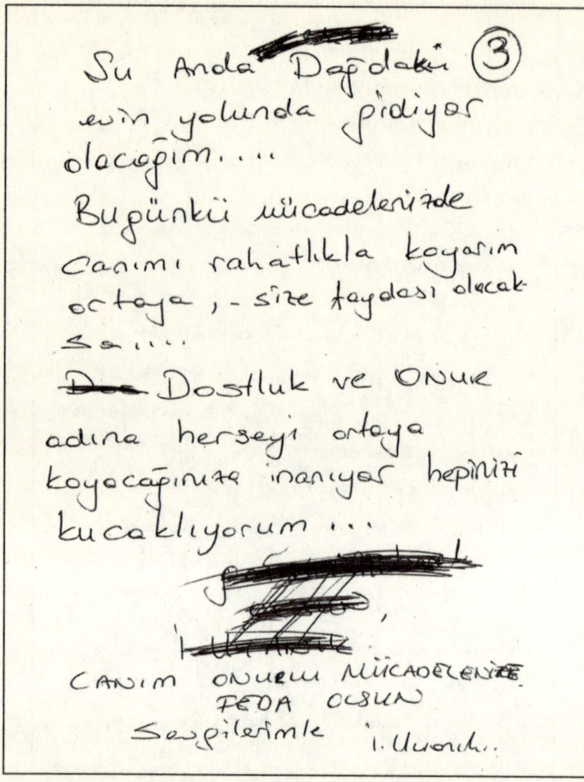
Şu Anda Dağdaki ③
evin yolunda gidiyor
olacağım....
Bugünkü mücadelenizde
Canımı rahatlıkla koyarım
ortaya, - size faydası olacak
sa....
Dostluk ve ONUR
adına herşeyi ortaya
koyacağınıza inanıyor hepinizi
kucaklıyorum...
CANIM ONURUM MÜCADELENİZE
FEDA OLSUN
Sevgilerimle İ. Uyanık..

Başkan İsmail Uyanık'ın da çok iyi bir vizyonu vardı. İkinci yılımda, sezon başında yaptığı konuşmada takıma bir hedef koydu, "Şampiyonluğa oynayacak bir takım kuruyorum. Bu takım şampiyon olacak" dedi. Hiçbir oyuncuyu satmadı. Sezon başında taraftar önündeki konuşmayı da ben yaptım hatta. Başkan benim yapmamı, taraftara şampiyonluk hedefini benim açıklamamı istedi. İlk yılımdan itibaren fikir alışverişlerimizle konuşmalarımızla hep çok farklı bir diyaloğumuz oluşmuştu kendisiyle.

Başkan şampiyonluk hedefini açıkladığında hepimiz (ben de dahil) içten içe inanmadık. İmkânsızdı bizim için şampiyonluk. "Bu pastadan bize pay düşer mi ki?" dediğimi hatırlıyorum kendi kendime. Bugünden bakınca başkan haklıymış diyorum. O takım şampiyon olabilirdi ama ben bunu maalesef Beşiktaş'a geldikten sonra anladım. O takımın içinden İlhan Mansız ve Tümer Metin Beşiktaş'a, Serkan Aykut Galatasaray'a, Celil Sağır ve Ali Akdeniz Fenerbahçe'ye gitti. Aynı kadrodan Cenk İşler önemli futbolculardandır mesela. Şu an sayamadığım diğer bütün oyuncularımız da çok önemli isimlerdi. Ve bu giden futbolcular, ben de dahil gittiğimiz takımlarda şampiyonluklar yaşadık. Biz aslında şampiyon kadroyu bir araya getirmiştik Samsun'da. Tek eksik inançtı. Başkan ona inanıyordu ama biz maalesef inanmamıştık o zaman. Sonraki yıllarda sohbetlerimizde İsmail Başkan'a da itiraf ettim, "Başkanım şimdi o kadro bir araya gelse, (Beşiktaş, Fenerbahçe, Galatasaray'ı gördükten sonra) şampiyon olurduk" dedim.

Menajerlerim...

Samsun'da geçirdiğim yıllarda iyi ve güzel anlarım, anılarım çoğunluktadır. Samsun'a gidişimle; kendi ayaklarım üzerinde yeni bir hayat kurdum, eşim Cansu'yla tanışıp evlendim, bugün halen devam eden güzel dostluklar edindim.

Son yılımda, sezonun bitimine haftalar kala Sinan Engin'le bir görüşme yaptık ve Beşiktaş için sözlü olarak anlaştık. Bu görüşmeden kısa bir süre sonra, Zonguldakspor'dan takım arkadaşım Hamit Yüksel aradı. Tarık Üstün'le birlikte menajerlik firması kurduklarını ve işe benimle başlamak istediklerini söyledi. Kabul ettim. Aslında Sinan Engin'le görüşmüş ve prensipte anlaşmış olmama rağmen, Beşiktaş transferimi resmi olarak onlar devam ettirdi ve o günden itibaren futbolu bırakana kadar menajerliğimi yaptılar. Türkiye'de menajerlik sistemi ne kadar doğru veya dünyadaki örnekleri gibi işliyor tartışılır. Benim Hamit Yüksel ve Tarık Üstün'le profesyonel iş ilişkim, profesyonelliğin tersine, karşılıklı sevgi, saygı ve hürmetle başladı. Bütün transferlerimde, görüşmeleri benim adıma onlar yaptılar. Oynadığım kulüplerde hiçbir yöneticiyle hiçbir zaman para konusunu ben konuşmadım. Gerektiği zamanlarda hep onları görüştürdüm. Özellikle Larisa'ya transfer olmadan önce Milano'da geçirdiğim birkaç haftada benim için çok uğraştılar. Ancak diğer yandan da; bugünden dönüp baktığımda keşke dediğim şeyler de var. Ben işimi yapıyordum. Her zaman da elimden gelen en iyi şekilde...

Ben ne Beşiktaş'ta ne Fenerbahçe'de ne de yurtdışında oynadığım dönemde futbol dışında bir şey düşündüm. Ama profesyonel menajerlik sisteminde futbol içinde ve dışındaki marka yönetiminin idaresinin menajerlere ait olduğunu düşünüyorum. Benim her tür gelişimime destek, marka yönetimi, *pr* çalışmaları vs. çok daha iyi yapılabilirdi. Bunu sadece kendi menajerlerim için söylemiyorum elbette. Türkiye'de genel olarak "menajer" tanımı, sezon sonunda oyuncu adına başka kulüplerle konuşmak ve takım ayarlamak olarak algılanıyor maalesef.

Beşiktaş'a transfer

2000-01 sezonunun bitimiyle, Samsun'dan İstanbul'a geldim. Dönemin futbol şube sorumlusu Yıldırım Demirören, Sinan Engin, ben, Hamit Yüksel ve Tarık Üstün, Beylerbeyi'nde buluştuk. Hamit Abi ve Tarık Abi'nin ilk işleriydi bu görüşme. Benden daha çok heyecanlılardı. Çok şık ve hazırlıklı gelmişlerdi görüşmeye. O gün sözleşmeyi imzaladık. Transferin geri kalanını kulüpler kendi aralarında halledeceklerdi. İmzayı attıktan sonra, kısa bir tatil yapıp İstanbul'da kulüplerin anlaşmasını beklemeye başladım. Bu süre zarfında Beşiktaş, İlhan'la da anlaştı. İkimiz de aynı şekilde beklemeye başladık.

İlhan'la Samsun'da başlayan iyi bir arkadaşlığımız vardı. Samsunspor'da oynadığımız dönemde hem saha içinde hem saha dışında ayrılmaz ikili olmuştuk. Özel hayatımızdaki iyi arkadaşlığımız sahaya da olumlu yansıyordu. Beşiktaş ikimizin de hayalindeki takımdı. İkimiz de hem çok mutlu hem de tedirgindik. Kamp döneminin başlamasına birkaç gün kalmıştı. İki kulüp arasındaki sorun hâlâ giderilememişti.

Cansu'yla birlikte İstanbul'a gelmemize rağmen belirsizlik yüzünden ne ev tutabiliyorduk ne de yerleşik hayata geçebiliyorduk. Yakın bir arkadaşımızın evinde kalıyorduk. Ben birkaç gün sonra kampa gidecektim. O sürede de, ben kamptayken Cansu arkadaşımızın evinde kalacaktı. Transfer sorunumuz çözülünce ev tutacaktık.

İmzayı atmama rağmen içim hiç rahat değildi. Daha önce benzer bir olayı Vanspor transferinde yaşamıştım. Kulüpler anlaşmadan rahatlamama, "evet oldu işte" diye sevinmeme imkân yoktu. Her gün İlhan'la saatlerce "ne olacak, nasıl olacak" diye konuşup, dertleşiyorduk. Sinan Engin bizi sürekli sakinleştiriyor sorunun hallolacağını söyleyip, bizim sadece kampa ve işimize konsantre olmamızı ve sezona hazırlanmamızı istiyordu. Bu karışık psikolojiyle Almanya kampına gittim. Nasıl konsantre olabilirdim ki... Antrenmanlarda üzerime giydiğim siyah-beyaz formanın ya da eşofmanların heyecanını bile yaşayamıyordum. Her an bir haberle geri Samsun'a dönme ihtimalimiz vardı.

Bu karışık psikolojiyle kötü bir kamp dönemi geçiriyordum. Aynı odayı paylaştığım kader arkadaşım İlhan'la her akşam "bu iş olmayacak galiba, geri dönelim" diye karar alıyor; her sabah Sinan Abi'nin bizi yatıştırıp, bizimle konuşmasıyla antrenmana çıkıyorduk. O psikolojiyle ne kadar verimli antrenman yapılabilirse o kadar yapıyorduk işte. Kamp odamıza bile tam yerleşememiştik. Valizlerimiz her an gidecekmişiz gibi hazır bekliyordu kapıda...

Bu arada özellikle Samsunspor yönetiminin bu süreci kötü yönetmesi nedeniyle Samsunspor taraftarı da bize küs ve öfkeliydi. İnanıyorum ki o dönemde İsmail Uyanık başkan olsaydı bu süreç çok daha kolay yönetilirdi. Sonuçta biz Samsunspor'da İlhan ve Tümer olmuş, Samsunspor'a para kazandırarak üç büyüklerden birine transfer olmuş iki oyuncuyduk. Her şeyden önce transferimizle Samsunspor'a para kazandırıyorduk. Bu hiç hak etmediğimiz bir tavırdı. Bu öfkenin nedenini bugün bile anlamakta zorlanıyorum.

O kamp dönemi hayatımda geçirdiğim en kötü kamp dönemimdi sanırım. Çok zaman sonra Sinan Abi itiraf etmişti. Kampın son günlerinde, "İlhan'ı alalım, Tümer'i almayalım" demiş. Kendimi hiç gösterememiştim çünkü. Düşününce hâlâ çok üzülüyorum. Hayallerimin takımına transfer olmuştum. Ne imzayı attıktan sonra doya doya o sevinci yaşayabilmiş, ne de kampta kendimi gösterebilmiştim. Kampın son günü Köln'le hazırlık maçı oynadık. Bir tek o maçta çok iyi oynadım. Sanırım o maçtan sonra benimle ilgili fikirler değişti. O maçtan birkaç gün sonra da İstanbul'a döndük.

İstanbul'a dönüşümüzden bir hafta sonra Cansu'yla gittiğimiz bir konserde Başkan Serdar Bilgili'yle karşılaştık, ayaküstü konuştuk. Yerimize oturduktan, beş dakika sonra Serdar Başkan yanıma geldi. Az önce telefonla kendisine haber verdiklerini söyleyerek, "Hayırlı olsun transfer sorunu halloldu" dedi.

4

Beşiktaş

> Eğer hayal edebildiğin bir şeyse, yapabilirsin. Onların peşinden gidecek cesaretin varsa, bütün rüyaların gerçek olabilir.
>
> Walt Disney

Henüz dokuz yaşındaymışım. Annemle sünnet kıyafeti almak için Zonguldak'tan otobüsle İstanbul'a gelmişiz. Otobüsten Gümüşsuyu'nda inip Dolmabahçe'ye doğru yürürken birden annemin elini bırakıp Beleştepe'ye doğru koşmuş ve o an İnönü Stadı'nda oynanan maçı, parmaklarımın üstünde yükselerek, görebildiğim kadarıyla izlemeye çalışmışım. Hayatımda ilk kez bir stadı, İnönü Stadı'nı canlı olarak o zaman görmüşüm. Annem çimlere oturup, uzaktan izlemiş beni. Beş on dakika maçı görmeye çalışmış sonra çimlerde beni bekleyen annemin yanına gitmişim. Onun yanında çimlere uzanmışım. Ellerim başımın altında gökyüzüne bakarken, anneme, "Bir gün ben de bu sahada oynayacağım" demişim. Annem, "İnşallah oğlum inşallah" demiş gülerek...

1998 yılında, İnönü Stadı'nda Beşiktaş'a karşı Samsunspor formasıyla çıktığım ilk maçı annem ve babam da izlemeye gelmişti. Maçı benim asistimle 1-0 kazanmıştık. Maç sonrası annemle babam, stadın kapısında arabada bekliyorlardı beni. Arabaya bindiğimde arka koltukta oturan annem omzuma dokunup, "Oğlum hayalin gerçek oldu" dedi ve bana bu hikâyeyi anlattı. Ben o anıyı tam hatırlamıyordum ama yine de anneme dönüp, "Daha değil anne daha değil" dedim.

Beşiktaş'a transfer olduktan kısa bir süre sonra Şifo Mehmet jübile kararı almıştı. Fatih Terim o dönem Milan'ın hocasıydı. Ligin başlamasına bir hafta kala, İnönü'de Beşiktaş - Milan maçıyla Şifo Mehmet'in jübilesi yapıldı. Şifo'nun çubuklu formaya vedası aynı zamanda benim çubuklu formaya merhaba dediğim, ilk kez Beşiktaş formasıyla İnönü'ye çıktığım maçtı. Annem ve babam da her özel maçta olduğu gibi İstanbul'a maçı izlemeye gelmişlerdi. Maçtan sonra yine dışarıda beni bekliyorlardı. Arabaya bindiğimde bu kez ben, arka koltukta oturan anneme dönüp, "İşte şimdi oldu anne" dedim. Olmuştu işte!

Ne sözleşmeyi imzalamak ne takımla kamp yapmak ne de tesislerdeki antrenmanlar... Şifo Mehmet'in jübilesinde, Beşiktaş formasıyla İnönü'ye çıktığım an hissettim Beşiktaş'a transfer olduğumu... O sahaya o tünelden geçip daha önce defalarca çıkmıştım ama hep misafir takım olarak... İnönü'de, ev sahibi olarak ve siyah beyaz formayla o seyircinin önüne çıkmak... Tarifsiz bir mutluluktu. Gönül verdiğim takımın formasını giymenin ötesinde bir gurur yaşıyordum. Bir hedefim vardı; üç büyüklerden birinde oynamak... Gerçekleşmişti... Daha küçücük bir çocukken kurduğum bir hayalim vardı; çubuklu formayı giymek... Gerçekleşmişti... Hem hedefimi hem hayalimi aynı çatı altında gerçekleştirmiştim...

Şifo'nun jübilesinden bir hafta sonra ligler başladı. İlk lig maçını İnönü'de Trabzonspor'a karşı oynadık. Maça ilk 11'de başlamadım; sonradan oyuna girdim. 2-1 kaybetmemize rağmen ilk maçımda iyi oynadım. Sonraki haftalarda da takımın performansının aksine, kişisel olarak hep iyi performanslar sergiledim. Beşiktaş'taki ilk sezonumda takım genel olarak kötü bir performans sergiledi maalesef. İlk yarıyı lider kapatmamıza rağmen ikinci yarı Galatasaray'a 1-0 kaybettikten sonra takım olarak düşüşe geçtik. Hocamız Christopher Daum'du. Futbol kariyerimde, birlikte çalıştığım hemen hemen bütün hocalarla bir kavgam olmuştur mutlaka. Sadece Daum ve Fatih Terim'le hiç kavga yaşamadım. Fatih Hoca'yla kavga etmememiz normal ama Daum'un Fenerbahçe'de de, Beşiktaş'ta da birçok oyuncuyla sıkıntısı olmuştu. Bizim hiç kavga etmeme nedenimiz sanırım; Beşiktaş'ın genel olarak kötü bir sezon geçirmesine rağmen benim ve İlhan'ın özellikle çok başarılı bir sezon geçirmemizdi. O yıl bizim için, hem Anadolu'dan gelmiş iki oyuncu olarak başarımızı hem de iyi bir ikili olduğumuzu ispatladığımız sene oldu. İkimizin de istatistikleri çok iyiydi.

Beşiktaş formasıyla ilk golümü ligler başladıktan haftalar sonra, deplasmanda Yozgatspor'a attım. Asisti Tayfur Havutçu yapmıştı. O gün benim doğum günümdü. 14 Ekim 2001... Yakın dostum ve aynı zamanda iş ortağım Murat Ağcabağ, Yozgat'a maçı izlemeye gelmişti. Maçtan bir gün önce, otelde beni ziyaret ettiğinde, "Yarın gol atacaksın ve formanı bana vereceksin" dedi. O haftaya kadar neredeyse 10' a yakın şutum direkten dönmüş, bir de

Gönül verdiğim takımın formasını giymenin ötesinde bir gurur yaşıyordum.

penaltı kaçırmış ama henüz çubuklu formayla gol atamamıştım. Yozgat maçında ilk yarıyı 1-0 mağlup kapattık. İkinci yarı, İbrahim Üzülmez, Tayfur Abi'ye soldan bir top attı. Tayfur Abi de sıfıra kadar inen topu geriye çıkardı. Ben de gelişine vurdum ve durumu 1-1 yaptım. Maçı 2-1 kazandık. Maçtan sonra formayı tribünde benim kadar sevinen arkadaşım Murat'a attım tabii ki...

O maçtan bugüne, hâlâ birçok ortamda Tayfur Abi, "O asisti yaptık, Tümer'i Türk futboluna kazandırdık" diye espri yapar.

Beşiktaş formasıyla Samsunspor maçları

Beşiktaş transferi benim hayatımda kariyerim açısından bir dönüm noktasıydı. Kariyer planlaması yaparken hedefim üç büyüklerden birinde oynamaktı, hayalim ise Beşiktaş'ta oynamak-

Allah'ın dualarıma cevabı mı... Samsunspor'a karşı oynadığım hiçbir maçta kaybetmedik.

tı. Uzayan transfer süreci bu çifte mutluluğumu, olması gerektiği gibi, yaşamam gerektiği gibi, hayalimde canlandırdığım gibi yaşamama engel oldu maalesef. Sonrasında imzalar atılsa ve her şey yoluna girse de; Samsunspor yönetiminin transfer sürecini kötü yönetmesi daha doğrusu yönetememesi yüzünden ben ve İlhan Samsunspor taraftarıyla kötü ayrıldık.

Beşiktaş'taki ilk yılımızda Samsunspor'la beşinci hafta maçımız vardı. O sezon Samsunspor'un sahası tadilattaydı. Maçlarını sekizinci haftaya kadar dışarıda oynayacaktı. Ama bir şekilde saha, bizim maça hazırlandı. Maçtan önce sahaya adım attığımızda çim çok kötüydü. Aslında henüz hazır değildi. Ama bir şekilde bizim o sahaya o seyircinin önüne çıkmamız istenmiş ve hazır edilmişti. Takımla birlikte ısınmaya çıktığımız an İlhan'la yediğimiz küfürlerin haddi hesabı yoktu. İkimiz de çok kötü olmuştuk. O tezahüratı hiç hak etmemiştik. Karşılıklı olarak birbirimize emek vermiş, çok güzel günler geçirmiş, sonuçta kulübe de para kazandırarak daha büyük bir takıma transfer olmuştuk sadece.

Maç başladıktan 10 dakika sonra, kötü saha şartları nedeniyle hakem maçı erteledi. O maçı ilk yarının sonlarına doğru Ankara'da oynadık. Ama o 10 dakika bende Samsunspor taraftarına karşı ciddi bir kalp kırıklığı olmasına yetti. Ki taraftarın bize karşı bu tavrı sadece ilk yıla özgü değildi. Sonraki yıllarda da Samsunspor taraftarı her maçta bana ve İlhan'a kötü tezahüratını sürdürdü. İkinci yıl, İlhan ya kart cezalısı ya da sakattı, hatırlamıyorum; kadroda yoktu. Dolayısıyla bütün küfürlü tezahü-

Sivas deplasmanında gol sevinci.

ratı ben tek başıma yedim. O küfürlerin getirdiği ekstra motivasyon mu yoksa Allah'ın dualarıma cevabı mı bilemiyorum ama Samsunspor'a karşı oynadığım hiçbir maçta kaybetmedik. Hepsinde oynadım ve hepsinde de çok çok iyi oynadım.

Samsunspor maçlarıyla ilgili en unutamadığım anım, 2004-2005 sezonunda Del Bosque'li dönemde oynadığımız maçtır. Del Bosque, maçtan önce yaptırdığı son antrenmanlarda maçta kime yer vereceğini belli ederdi. Samsun maçından önce de benim ilk 11 oynamayacağım belli oldu. Antrenman sonrası hocayla görüşme yapmak istedim. Hocaya Beşiktaş'a Samsunspor'dan geldiğimi ve o süreçte yaşananları anlatıp, ne zaman deplasmana gitsek küfürlerle, çok kötü tepkiler aldığımı anlattım. Kesinlikle beni kadroya alıp almamasıyla ilgili bir sıkıntım yoktu. Tek isteğim, eğer bana o maçta yer vermeyecekse, beni yedek olarak da Samsun'a götürmemesiydi. Kulübede de olsam yine de tepki alacağımı biliyordum çünkü. Bunu kendisinden bir futbol adamı olarak değil, bir büyüğüm olarak rica ettim. O da kabul etti. Ben de Samsunspor maçında ilk 11 oynamak isterdim tabii ki. O maçın benim için anlamı farklı ama eğer ilk 11 değilsem de kulübeden o tepkileri ve küfürleri yemek istemedim. Gerçekten de maç kadrosu açıklandığında panoda benim adım yoktu.

Ben tabii ki hiç darılmamıştım. Benim ricamdı ve hoca anlayış göstermişti. Kadro açıklandıktan sonra tesisten ayrıldım. Eve giderken yolda, Sinan Engin arayıp nerede olduğumu sordu. Kadroda olmadığım için tesisten ayrıldığımı ve eve doğru gittiğimi söyledim. Hemen tesise geri dönmemi istedi. O an telefonda kendisine, hocayla aramızda geçen diyaloğu ve karşılıklı olarak anlaştığımızı anlatmadım. Döndüğümde panodaki isim listesinin altına kurşun kalemle adımın eklendiğini gördüm. Sinan Abi'ye hocayla aramızda geçen konuşmayı anlattım. Ama bir türlü ikna edemedim. Hatta bu olay o kadar gereksiz büyüdü ve restleşildi ki konu benim kulüpten ayrılmama kadar geldi. En sonunda Del Bosque'ye "Tamam Samsun'a geleyim ama beni yine de kadroya alma, otelde kalayım lütfen" dedim. Hoca yine kabul etti ama yönetim baskısı daha ağır geldi. Samsun'a normal maç kadrosundan bir kişi fazla gittik. Şimdi düşününce benim inadımın ne kadar yersiz olduğunu anlıyorum ama o dönem üst üste her yıl Samsun'a gidişimde aldığım haksız tepkiler, profesyonel düşünmeme engel oldu. Samsun'a gidip otelde kampa girdiğimizde, ben hâlâ ertesi günü maça gitmeyip otelde kalmayı, maçı otelden izleyip, takımla maç sonrası İstanbul'a dönmeyi düşünüyordum.

Denizli'de gol sevinci.

Ertesi gün maç kadrosu açıklandı ve ben kadrodaydım. Başka birisi dışarıda kalmıştı. İlk 11 statta açıklanacaktı. Stada gittik, ilk 11 açıklandı, ben yoktum.

Benim için daha kötü bir durum olamazdı. En azından daha önceki yıllarda yediğim küfürleri oyun içinde olduğum için daha kolay duymazdan gelebiliyordum. Hatta oyunuma olumlu etki ediyordu. Daha da hırslanmama, daha iyi oynamama bile neden oluyordu. Ama kulübede oturmanın kaçılacak hiçbir tarafı yoktu. Takım ısınmaya çıktı sahaya, ben çıkmadım.

Herkes hazırlandı, ben en son hazırlandım ve çıktım sahaya. Benim çıkmamla bütün stadın küfürlü tezahüratının başlaması bir oldu. Kulübeye oturdum ama küfürler susmadı bir türlü. Maç başladı. Çok kötü oynuyorduk. Samsunspor, maçın başında 1-0 öne geçti. Golden beş dakika sonra da Pancu kırmızı kart gördü. 10 kişi kaldık. Bu arada tribünlerin bana tezahüratı kulübede oturmama rağmen hâlâ devam ediyordu. 35. dakikada, hoca ısınmamı söyledi. Ben kulübeden çıktım. Bizim kalenin arkasına geçtim. İki kez tur attım. Tribünler daha yüksek sesle küfür etmeye başladı. Kulübeye dönüp oyuna girmeye hazır olduğumu söyledim. Hoca beş dakika bile ısınmadan hazırım dememe şaşırmış bir ifadeyle yüzüme bakıp, tercüman aracılığıyla oyuna ikinci yarı başlayınca gireceğimi, biraz daha ısınmamı söyledi. Devre arasına daha neredeyse 10 dakika vardı, 15 dakikada devre arası, yani daha 25 dakika vardı maça girmeme. Ben de ısınmayı keserek, geçip tekrar kulübeye oturdum. Devreye 1-0 mağlup girdik. İki takım oyuncuları içeri girdi. Bütün herkes soyunma odalarına gitti. Bir tek ben kaldım sahada ısınmak için. Tabii bütün stat bana aralıksız küfrediyordu. Ben kulaklarımı tıkayıp ısınıyordum sahada tek başıma.

Devre arasının bitimiyle önce Samsunspor oyuncuları çıktı sahaya, sonra hakemler... Bir an için sahada sadece Samsunsporlu oyuncular hakem Mustafa Çulcu ve ben vardık. Hakemin yanına gidip, "Hocam başlat maçı, tek başıma yeneceğim onları" dedim hırsla. Hakem baktı bana ve güldü. O ara takım arkadaşlarım sahaya çıktı. Maçı 4-2 kazandık. İki gol attım iki gol attırdım.

Maçtan sonra Del Bosque basın toplantısında benimle ilgili bir soru üzerine şöyle bir açıklama yaptı: "Ben Tümer'i anlayamadım. O, maçtan önce bana gelip bu durumunu izah ettiğinde, benim onu ilk 11 başlatmam gerektiğini anlayamadım."

O maçtan sonra Del Bosque'li dönemde bütün maçlarda ilk 11 oynadım.

Ruhumuz Yeter / Ruhunuz Yeter

Beşiktaş'taki ilk yılımda, Bursaspor'la cezamız nedeniyle kendi sahamızda seyircisiz oynadık. Beşiktaş formasıyla ilk seyircisiz maçımdı. Sonraki yıllarda maalesef birçok kez oynamak durumunda kaldık. İnönü'de taraftarın desteğine ve yarattığı atmosfere alışmış biri olarak, sahaya çıktığımızda tribünlerin bomboş ve sessiz olmasını çok garipsedim. Ama Beşiktaş taraftarı, maça gelemese de bir şekilde bize destek olmanın bir yolunu çok da anlamlı bir yolunu bulmuştu. Kapalı tribünde Çarşı grubunun bulunduğu yer boyunca "Ruhumuz Yeter" yazılı pankart asmışlardı. İki kelimeyle çok şey ifade eden bir pankarttı. Motive olmamız için yeterli olmuştu. Fiziksel olarak statta olmadan bize verebilecekleri en güzel desteği vermişlerdi. O maçı çok rahat kazandık. Kariyerimin en güzel gollerinden birini attım. Hatta o maçtan sonra Daum gazetecilerin benim milli takıma seçilmememle ilgili sorusu üzerine, "Bence Tümer performansıyla sonuna kadar milli takım formasını hak ediyor. Bu şekilde devam ederse zaten 2002 Dünya Kupası'nda milli takımda olacağını düşünüyorum" diye cevap vermişti.

"Ruhumuz Yeter" sloganı, hayatımıza bu pankartla girdi. Tigana'lı dönemde Kadıköy'de Fenerbahçe'yle oynadığımız maça

İki kelimelik pankartlar çok şey ifade ediyor, "ruh" katıyordu.

seyircimiz gelemedi. O zamanlar normalde deplasmana seyirci gidebiliyordu. Ancak bir önceki yıl çıkan olaylar nedeniyle alınan kararla, o maça Beşiktaş seyircisinin gelmemesine karar verildi. Kadıköy'deki maçlardan sonra her zaman Beşiktaş taraftarı, Fenerbahçe taraftarından sonra stadı terk ettiği için, biz duşumuzu alıp giyindikten sonra mutlaka sahaya çıkar ve onlarla karşılıklı tezahüratta bulunurduk. Her zaman ayrı bir keyif olurdu bizim için seyircimize gitmek. Fenerbahçe-Beşiktaş maçlarının benim hayatımdaki yeri her zaman çok farklıydı. Beşiktaş formasıyla Fenerbahçe'ye

Fenerbahçe-Beşiktaş maçlarının hayatımdaki yeri her zaman çok farklıydı.

karşı Kadıköy'de hiç mağlubiyetim yoktur. O yüzden de karşılıklı tezahürat ve sevinç her zaman çok keyifli olmuştur.

Seyircimizin olmayacağını öğrendikten sonra yönetimin aldığı bir kararla, bu sefer biz futbolcular sahaya "Ruhunuz Yeter" pankartıyla çıktık. Maç 2-2 bitti. Yine kaybetmedik! Maçtan sonra yine her zaman seyircimizin oturduğu yere gidip orada olmasalar da onlar varmışçasına onları selamladık.

Fenerbahçe maçları

Fenerbahçe maçlarıyla ilgili birçok anım arasında, ilk sıraya Fenerbahçe'ye karşı çubuklu formayla oynadığım ilk maçı koyarım herhalde. Genellikle maç günleri telefonumla haşır neşir olmam; kapalı tutarım. O gün maça saatler kala hem çok heyecanlı hem de kendimi çok hazır hissediyordum. Otobüsle stada giderken, hayatımda önemli bir yere sahip olan Erdoğan Arıca'ya onun her zaman bize söylediği sözünü mesaj olarak yazıp gönderdim ve kapattım telefonumu: "Başarılı insanlar son derece sakindir ve her ortamda sakin kalıp olumlu düşünürler."

Maçı 2-1 kazandık. Ancak o dakikaya kadar çok iyi bir performans göstermeme rağmen, 30. dakikada Mirkoviç'le ikimiz kırmızı kart gördük. Maç öncesi rahmetli Erdoğan Hoca'ya gönderdiğim mesaj ile sahada yaptığım hareket ancak bu kadar tezat olabilirdi.

Bütün Fenerbahçe-Beşiktaş maçları hem benim hem de bütün takım için farklı anlamdaydı. Ama Kadıköy'de oynadığımız maçların önemi ve anlamı daha bir farklıydı. O maçlar içinde, Kadıköy'de Fenerbahçe'yi 4-3 yendiğimiz maç ise Türk futbol tarihine, gelmiş geçmiş en unutulmaz derbi maçlarından biri olarak girdi. Öncesiyle, 90 dakikasıyla, sonrasıyla...

2005-2006 sezonuydu. Maç saati sahaya çıktığımızda gözümüze takılan tek kötü görüntü Rıza Çalımbay için açılan pankarttı. Düşüncesizce, iç acıtıcı, çirkin bir pankart...

Maça Fenerbahçe, bizden çok daha iyi, çok daha baskılı başladı. Baskıyı kıran ilk golü ben attım. Tartışmasız kariyerimin en güzel golüdür. Zorluk, beceri, koordinasyon, teknik, her anlamda... 1-0 öne geçtikten sonra Fenerbahçe durumu 1-1 yaptı. John Carew'e yaptığım asistle 2-1 öne geçip, devreyi önde kapattık. İkinci yarıda, Fenerbahçe durumu 2-2 yaptı. Sonrasında yine biz 3-2 öne geçtik. O ana kadar karşılıklı atılan goller ve oynanan güzel futbolla zaten uzun süre hatırlanacak bir maç olmuştu. Ancak

Kadıköy'de baskıyı kıran ilk golü ben attım.

asıl 3-2'den sonra bu maçı daha önemli ve Türk futbol tarihinin unutulmayacak derbileri arasına sokan şeyler yaşandı.

Maçın 80. dakikasında hakem önce penaltı verdi. Sonra da itirazları nedeniyle Oscar Cordoba'yı kırmızı kartla oyundan attı. Bütün oyuncu değişikliklerini kullanmıştık. Birkaç dakikalığına saha içinde bir karmaşa oldu. Oyundan bir futbolcu alıp, kaleci sokamayacağımız için, sahadaki bir futbolcunun kaleye geçmesi gerekiyordu. Pancu gönüllü oldu.

Maç Pancu'nun kaleci eldivenlerini takıp, penaltı atışı için kaleye geçmesiyle tekrar başladı. Alex penaltı atışını kullandı ve durum 3-3 oldu. Sonrasında yaklaşık 10 dakika boyunca yaşananlar rüya gibiydi. Sahada 10 kişiydik. Kalede kaleci yerine bir futbolcumuz vardı. Fenerbahçe seyircisi inanılmaz coşkuluydu. Kalan dakikalarda kalecisiz Beşiktaş kalesinde golü bulacaklarına inanıyorlardı. Fenerbahçeli futbolcular çok etkili ve baskın geliyorlardı kalemize... Pancu, beklenenin çok ötesinde, başarılı kurtarışlarıyla kalede devleşti. Biz de sahada çok iyi direndik. 90 +'da yakaladığımız tek kontrada Koray'ın vuruşuyla gelen galibiyet; Kadıköy'de kazanılan bir derbi veya 3 puandan öte yıllarca unutulmayacak tarihi bir maç sıfatını kazandırdı. O maç Beşiktaş adına bir "Beşiktaş milli maçı"ydı!

Hayatın akışı içerisinde her duruma alışırsınız. Beş yıl olmuş-

Beşiktaş-Fenerbahçe kupa maçı gol sevinci.

tu. İstanbul'a da, giydiğim çubuklu formaya da, bulunduğum yere de, sahip olduğum kariyere de alışmıştım. Ama o beş yılda, ara ara bazı anlar yaşadım. O anlarda hissettiğim, ne üç büyüklerden birinde oynamanın, ne kariyerimin, ne de iyi paralar kazanmanın verdiği hazdı. O anlar, "İşte hayalini kurduğum takım bu, işte Beşiktaş bu ve ben bu takımın bir parçasıyım" hazzıydı. O anlarda, "Ben sadece üç büyüklerden birinde değil, Beşiktaş'ta oynuyorum" diye ayrı bir gururlanırdım.

Cordoba'nın atılması, saha içerisinde birkaç dakikalığına yaşanan şaşkınlıkla Pancu'nun gönüllü kaleye geçmesi, hepimizin o andan itibaren tek yürek olması... Maçı o dakikadan itibaren bir derbi veya kaybedilecek puan veya puanların çok ötesinde, çok başka bir mücadele olarak görmemiz... Ve geçmek bilmeyen son dakikalar... Pancu'nun kaleye geçmesiyle, maçın bitiş düdüğüne kadar geçen süre, benim için *o an*'lardan biriydi işte.

100. yıl

2001-2002 sezonu sonunda Daum, devam eden davası yüzünden ülkesine geri döndü. O yıla bakarak camia olarak çıkardığımız ders, takımın genel olarak iyi olduğu ama bu kadronun şampiyonluk için yeterli olmadığıydı. Bununla birlikte, Beşiktaş tarihi açısından çok önemli 100. yıl geliyordu. Bu nedenle takıma takviye şarttı.

100. yılın şampiyon kadrosu.

Klasikleşmiş gol sevinçlerimden biri.

2002-2003 sezonunda takıma yapılan ilk iki takviye Lucescu ve Sergen oldu. Daha doğrusu Lucescu geldi. Beraberinde Sergen'i de getirdi. O sene takıma getirilen bütün isimler çok iyiydi. Bence Beşiktaş'ın 100. yıl kadrosu Gordon Milne döneminde üst üste şampiyonluk yaşadığımız kadrodan sonraki en iyi kadrodur.

Lucescu imza attığında, Sergen'i de istediğini belirtmiş. Bunun üzerine Sergen'le de imza atılmış. Aynı akşam, Sinan Engin ve Sergen'le bir mekânda karşılaştık. Bana, "Hayırlı olsun yeni kaptanın geliyor" dedi ve Sergen'le tanıştırdı. İlk o gece tanıştım Sergen'le.

İtiraf etmek gerekirse, takım içerisinde Lucescu'nun gözünde Sergen'in hep bir ayrıcalığı vardı. Belki de Sergen'i iyi tanıdığından ve ondan nasıl en iyi verimi alabileceğini bildiğinden o şekilde davranıyordu. 100. yılımızdı ve bizim için çok önemliydi. Sezon öncesi çok iyi bir kamp dönemi geçirdik. Takım da çok iyiydi, kişisel olarak ben de. Lucescu da o dönemde yaptığı açıklamada, "Tümer çok iyi bir kamp dönemi geçiriyor. Kendisinden çok faydalanacağım" demişti. Ligin ilk üç dört haftası sakatlığından dolayı Sergen oynayamadı. O haftalarda ben ilk 11'de oynadım ve çok da iyi performansla oynadım. Sonrasında, Sergen-Tümer arasındaki seçimlerde genelde hep Sergen'den yana kullandı tercihini Lucescu.

Yaklaşık dört yıl beraber oynadık Sergen'le. Benden iki yaş büyük, büyük bir isim... Kendisiyle hiçbir zaman kişisel bir problemimiz olmadı. Hiçbir zaman kavga etmedik. Yine de, aynı takımda oynayan aynı mevkinin iki oyuncusu olmamızdan ötürü, hem basın hem de camianın algısı bizim rakip ve birbiriyle anlaşamayan iki oyuncu olduğumuz şeklindeydi. Takım dışında sosyal hayatta görüşen iki arkadaş değildik belki ama antrenmanlarda da, birlikte oynadığımız maçlarda saha içinde de hep çok iyi anlaştık. Doğrusu o dönem bu tarz haberler karşısında, biz de doğru bir iletişim örneği göstermedik. Her ne kadar küs veya kavgalı olmasak da aksini de anlatmaya çalışmadık. Dolayısıyla biz sustukça yazılan çizilenler doğruymuş gibi bir algı oluştu. Bugün olsa eminim ikimiz de daha farklı yaklaşırdık. Şimdiki aklımla, odasını çalıp, "Kaptan hakkımızda konuşup duruyorlar. Sen de ben de kendi doğruları olan insanlarız, bir sorunumuz varmış gibi gösterilmeye çalışılıyor. Gel çıkıp bir şey söyleyelim bu konu kapansın" derdim. Ama o dönem ikimiz de böyle bir adım atmadık maalesef. İşin ilginç yanı bugün, Sergen'le sosyal hayatta görüşen iki arkadaşız.

100. yıl, benim Beşiktaş'taki ikinci sezonuma denk geliyordu. Sezon başı kampından itibaren, en tepe yönetiminden çaycımıza kadar hepimiz, bütün camia 100. yılın önemini biliyorduk. Takıma çok iyi takviyeler yapıldı. Sezon başı kampımız çok iyi geçti. Çok iyi kenetlenmiştik, şampiyon olacaktık, inanıyorduk. Bütün

Bülent Korkmaz'la mücadele.

sezon oynadığımız her maça büyük-küçük takım, kolay-zor maç ayırımı yapmadan aynı motivasyonla çıktık. Akılda kalan birçok maç oynadık. Verdiğimiz emeğin ve mücadelenin karşılığını, Galatasaray maçıyla aldık. 100. yıl ve şampiyonluk dendiğinde her BeşiktAşk'lının aklına gelen ilk şey o maçtır sanırım.

Futbol kariyerimin ilk şampiyonluğunu, üstelik hayalini kurduğum çubuklu formayla yaşamama sadece 24 saat vardı. Kamptaydık. Ertesi günü maça ilk 11 çıkmayacağımı biliyordum. Çünkü zorluk derecesi yükselen maçlarda Lucescu tercihini Sergen'den yana kullanıyordu. Ki Sergen, sezon ortasında da iyi bir performans göstermişti. Onu tercih etmesi doğaldı. Maça Sergen-Pancu başlayacaktı, oynamayacaktım. Ama içimde bir his vardı. Maçta bir etkim, bir imzam olacağına hissediyordum.

Sergen röportajlarında, o maçı ve o golü önceden yaşadığını, maçın "1-0, Sergen Yalçın" biteceğini önceden hissettiğini söyler hep. Ona nasip oldu. Ama ben de maçtan önce oynamayacağımı bile bile bir şeyler hissediyordum. Hatta Feyyaz Uçar'ı odama çağırıp, oynamak istediğimi ve çok hazır olduğumu ve hocaya bu istediğimi iletmesini söyledim. İçimdeki his o kadar kuvvetliydi ki, o maçta bir şekilde oynamalıydım! Beynimde hep maçın 0-0 devam ettiği ve benim oyuna girip bir gol attığım ya da attırdığımı yaşıyordum. Galatasaray'ın maçı mutlak kazanması gerekiyordu. Baskı yapacaklardı ve böylece arkada boş alan bulup gidecektim. Beynimde çeşitli senaryolar ve görüntüler vardı. Ne olur, nasıl olur bilmiyordum ama maçın sonucuna tesir edeceğimi biliyordum.

Maçın başlamasına saatler kala Ümraniye Nevzat Demir Tesisleri'nden stada doğru yola çıktık. Onlarca defa gittiğimiz o yol ilk defa bu kadar uzun geldi. Köprüyü geçip, Barbaros Bulvarı'na vardığımızda yüzlerce taraftar bizi karşıladı. Onların arasından geçip stata gittik. Otobüsün içinde kimsenin içi içine sığmıyordu. Bir an önce maçın başlamasını istiyorduk. Maç günü sabahından, düdük çalana kadarki dakikalar saatler gibi geçti.

Isınmaya çıktığımızda stattaki atmosfer her zamanki gibi mükemmeldi. Hava çok güzeldi; seyircimiz çok güzeldi. Şampiyonluk için her şey hazırdı. Maç dengeli başladı; ilk yarı 0-0 bitti. İşler bizim istediğimiz gibiydi. O yıl kadromuz o kadar iyiydi ki, berabere devam eden her maçta skoru bir anda değiştirebilecek oyunculara sahiptik. Sergen, ben, İlhan, Pancu, Ahmet Dursun, Pascal Nouma... O nedenle berabere devam eden her maç bizim lehimizeydi.

İkinci yarının hemen başında Lucescu beni ısınmaya yolladı.

Isınırken bile heyecandan yerimde duramıyordum. Maç, tam da bir gece önce beynimde yaşadığım gibi devam ediyordu. Ve ben tam hayal ettiğim dakika ve skorda oyuna giriyordum. Galatasaray mutlaka kazanması gerektiği için çok baskılı oynuyordu ve arkada inanılmaz boşluklar vardı. Yeteneği olan oyuncular için o boşluk, hırsıza kapının üstünde anahtarı bırakmak demektir. Tek yapılması gereken kilidi açıp içeri girmektir.

Oyuna girdikten sonra 10 dakika boyunca maç rölantideydi. Maçın sonlarına doğru, Hakan Ünsal numaralı tribünün önünden bir taç atışı kullandı. İçeri uzun bir atış yaptı. Bütün takım halinde defansa yaslanmıştık. İleride sadece Ahmet Dursun vardı; hepimiz geri gelmiştik. Ceza sahasının içinden biri kafayı vurdu. Yasin Sülün topu yarı rövaşata gibi bir hareketle uzaklaştırdı. O ana kadar Galatasaray kalesine sırtım dönüktü. Pozisyonu izliyordum, ceza sahasına yakın bir yerdeydim. Ben dönene kadar stattan bir uğultu yükseldi. Döndüğümde top Ahmet Dursun'a gidiyordu. Vedat'la birlikte kafaya çıktılar. Galatasaray takımından geride yalnızca Vedat İnceefe ve Bülent Korkmaz vardı. Bizden tek isim de Ahmet Dursun'du. Ahmet'le Vedat kafaya çıktılar. Her ne kadar Vedat boy farkından dolayı daha avantajlı dursa da, Ahmet Dursun topu bir şekilde aşırdı. Kader ağlarını örüyordu, ben buna inanıyorum. Bir şeylerin olacağı varsa bir şekilde oluyor. Ahmet dezavantajlı olmasına rağmen yapmayacağı bir şey yaparak o kafaya çıktı. Ahmet kafaya çıkarken, biz Sergen'le koşuya başlamıştık bile... Ahmet aşırırsa diye... Ahmet topu aşırdı ve top Sergen'in önüne düştü. O an Bülent ile Sergen teke tek kaldı. Bütün stat gittikçe daha da yükselen uğultuyla ayağa kalktı.

Bülent, Sergen'in topu sürüklemesiyle birlikte gerilemeye başladı. Seyirci "bas bas" diye bağırsa da bir savunma oyuncusunun yapması gereken, o an takımının geri gelmesi için rakip oyuncuyu oyalamak için geri gelmektir. Bülent de o pozisyonda doğru olanı, yapılabilecek tek şeyi yaptı.

Saha içerisinde oyun sanki ikiye bölünmüştü. İki takımın da oyuncuları geride kalmıştı. İleride sadece Sergen ve Bülent bire-birdeydi ve ben de Sergen'in yanına doğru hızla koşuyordum.

Sergen'i iyi tanıyan biri olarak, Bülent'le teke tek kaldığı an koşmaya başladım. Sergen'in Bülent'in üzerine gitmesi ve benim koştuğum yerle birlikte hissettiğim şuydu: "1-0, Tümer Metin"... Öngörüm de şuydu: Sergen Bülent'i yakalamış, bire bir gidiyorlar. Topu bana yuvarlar. Mondragon'la karşı karşıya kalırım. Sonrasında ya plaseyi yaparım ya da geçer boş kaleye atarım; her şey olabilirdi.

İnönü'de şampiyonluk kupasıyla.

Sergen'le aynı hizaya geldim; beni gördü ve topu bana attı. Top ne zaman Sergen'in ayağından çıktı, benim "1-0, Tümer Metin" hayallerim yıkıldı. Ben o topu tanıyordum. Ben o topun geliş hızını tanıyordum. Ben o topun falsosunu biliyordum. Ben o topun açısını da, sahanın açısını da adım gibi biliyordum. Ben o topun bana geldiği an onunla nerede buluşacağımı da, olasılıkları da biliyordum. Top Sergen'in ayağından çıkıp benimle buluştuğu an benim yapabileceğim tek bir şey vardı. Sergen topu bana atarken bana tek bir şans bırakmıştı. Tekrar topu Sergen'e çıkartmak! Topu Sergen'e çıkarttım ve gol oldu.

Sergen'in topu bana o şekilde atışı risk miydi? Evet! Çünkü benim içinde bulunduğum pozisyonda, ona o topu sağ ayağımla çıkartmam gerekiyordu. Ki sağ ayağım çok sık kullandığım ayağım değildir sahanın içinde. Ama yine de sanırım daha iyi çıkartamazdım o topu Sergen'e... Bir sağ ayaklı oyuncu, o topu, o an benden daha iyi çıkartamazdı. Topla buluşmadan bir salise önce şampiyonluğun geldiğini biliyordum.

Şampiyonluk sonrası röportajlarda Sergen de, "Tümer'e topu o şekilde bıraktım ki bana bir daha oynayabilsin" diye itiraf etti zaten. Aynı zamanda "O topu da bana ondan başkası çıkartamazdı" dedi. Futbol hayatının en anlamlı golünü atmıştı Sergen, futbol hayatımın en anlamlı asistiyle... Sergen attı ve şampiyonluk geldi... Bütün yedek kulübesi sahaya koşmaya başladı. Bütün takım, bütün camia için o an yaşadığımız sevinç ve mutluluk daha da mükemmel olamazdı.... Benim için olabilirdi... Benim için daha da mükemmel olabilirdi. Yedek kulübesindeki arkadaşlarımızın bize doğru koştukları saniyeler içerisinde Sergen'le sarılabilseydim işte o an daha da mükemmel olabilirdi. Sergen topu ağlara bıraktıktan sonra beni geçip koşmaya başladı. O da kendi hayalini gerçekleştirmiş olmanın sevinciyle elbette ki kendinden geçti. Ama ben golün pasını veren kişi olarak golden sonra Sergen'le sevinmeyi, Sergen'in birkaç saniyeliğine de olsa bana sarılmasını, kutlamasını bekledim açıkçası.

Maç "1-0, Tümer Metin" bitmemişti ama beynimdeki senaryolardan biri gerçekleşmişti. Maça bir şekilde imzamı atmıştım. Hayatımın en anlamlı asistini yapmıştım. Her şeyden önemlisi şampiyon olmuştuk. Kariyerimdeki ilk şampiyonluğum... Siyah beyaz forma altında... Beşiktaşk'ın 100. Yılı'nda... O şampiyonluk futbol hayatımın en büyük sevinci, en büyük mutluluğudur.

101. yıl

100. yıl şampiyonluğunun ardından hem moral hem oyuncu kalitesi olarak çok iyi durumda başladık sezona. Aynı anda hem lig hem şampiyonlar ligi hem kupada mücadele ediyorduk. "2-0 geriden başlayalım, 3-2 alırız maçı" gibi bir güvenimiz vardı kendimize. Her şey çok güzeldi. İlk yarıyı 11 puan önde kapattık. Aynı anda üç kulvarda yarışmamıza rağmen ligde 11 puan öndeydik. Belki de bu özgüvenle ikinci yarı başladığında arka arkaya puan kayıplarında paniklemedik. "Cepten yiyoruz, biz iyiyiz, en iyi takımız" diye düşünüyorduk. Kendimize ve takıma olan güvenimiz hiç sarsılmadı. Yönetim de, taraftar da arkamızdaydı. Ama bir yerden sonra, uçağın yere çakılması gibi düşüşümüzü durduramadık. Üst üste kritik maçlar kaybettik. Maçlarla birlikte kontrolümüzü de, kendimize güvenimizi de kaybettik.

Beş kırmızı kartla hükmen mağlup olduğumuz Samsunspor maçı bizim için sonun başlangıcı oldu. Sahada hakem Cem Papila idi. Memleketlim, Zonguldaklı'ydı kendisi. Maçta haksız kırmızılardan sonra kontrol iyice kaçmıştı. Hocaya bir ara bir şeyler anlatmak istedim ama sanki gözünde perde vardı; görmüyordu, duymuyordu bizi. Sanırım içinde bulunduğu durum bir hakem için yaşanabilecek en kötü anlardan biriydi. O maçta gördüğümüz kartlardan sonra bir sonraki hafta Bursaspor maçına epey eksik kadroyla çıktık. Maçı attığım golle 1-0 galip bitirmemiz biraz moral oldu hepimize ama yine de düşüşü engelleyemedik.

Dibe vurmamızdan kısa bir süre önce Başkan Serdar Bilgili bizimle bir toplantı yaptı. Hâlâ öndeydik ama puan farkı kapanmıştı. Şampiyonluk gitti gidiyordu. Serdar Başkan bizim çok iyi bir takım olduğumuzu ve yönetim olarak bize sonuna kadar inandıklarını söyledi. Yönetimin takıma verdiği destek ve motivasyona rağmen maalesef üç kulvarda başladığımız sezonu sıfır kupayla kapattık. Doğal olarak sezon sonunda Lucescu ayrıldı. Ayrıca kaçan şampiyonluğun faturası hiç hak etmemelerine rağmen Serdar Başkan ve yönetimine kesildi.

Lucescu'yla kavga

2003-2004 sezonunda Şampiyonlar Ligi grubumuzda Chelsea, Sparta Prag ve Lazio vardı. Lig usulü oynanan maçlarda Chelsea gruptan çıkmayı garantilemişti. Biz üç takım çekişiyorduk. Gruptan çıkma şansımız hâlâ devam ediyordu. Oyun sistemimiz belliydi. İlhan tek forvet. Arkada çift forvet; Pancu-Sergen, Sergen-Tümer, Pancu-Ahmet Hassan, Sergen-Ahmet Hassan, Tümer-Pancu, Tümer-Ahmet Hassan gibi çeşitli alternatiflerle oynuyorduk. Ortada da genelde Tayfur-Giunti, bazen de Tayfur-Yasin oynuyordu.

Lazio maçını kaybettik. Ayrıca o maçta İlhan kırmızı kart gördü. Giunti de sarı kart nedeniyle bir sonraki maç kart cezalısı oldu. Bir sonraki maç, 2 hafta sonra Chelsea ile evimizde oynayacaktık. Ancak UEFA, İngiliz Konsolosluğu, HSBC Bankası ve sinagoglarda meydana gelen bombalama olayları nedeniyle İstanbul'un güvenli olmadığı gerekçesiyle maçı İstanbul'da oynatmadı ve Avrupa'da bir yer seçmemizi istedi. Biz de o maçı Türklerin çok olduğu Almanya'da oynamayı seçtik.

Lazio maçı dönüşünde uçakta hoca beni yanına çağırıp, "İlhan ve Giunti cezalı. 21 gün sonraki Chelsea maçını yüzde yüz kazanmamız gerekiyor. Dolayısıyla kendini şimdiden hazırla. Chelsea maçında Sergen'le ikinizi oynatacağım. Bunun da provasını üç gün sonra Kadıköy'deki Fenerbahçe maçında yapacağız" dedi.

Kadıköy'deki maça hocanın söylediği gibi çıktık. Sergen'le ikimiz forvet arkası oynadık. Maç 2-2 bitti. Takım olarak da çok iyi oynadık. Bireysel olarak da çok iyi oynadım. Sonraki hafta Adana maçında Lucescu, Sergen'i dinlendirdi, ben yine ilk 11'de oynadım. O maçta da sahanın en iyilerindendim. Maçı 2-1 aldık.

Sonrasında Chelsea maçı için Almanya'ya gittik. Ben kendimden çok emindim. Çünkü hoca bana iki hafta önceden bu maça hazırlanmamı söylemiş, beni o konuşmanın üzerine iki maçta da ilk 11'de oynatmış ve ben iki maçta da çok iyi oynamıştım. Dolayısıyla ortada hiçbir sorun yoktu. Almanya'ya gittik. Maçtan bir gece önce ter idmanı yaptık ve son antrenmanda da tabii ki ben oynadım.

Maç günü önce otelde maç toplantısı yapılacak ve sonrasında stada geçecektik. Toplantı saatini beklerken kendi aramızda sohbet ediyorduk. Ahmet Yıldırım da o maçta oynamamasından şikâyet ediyordu. Ben de bir gün önce ter idmanında oynamama ve hocayla yaptığım konuşmadan dolayı rahat olmama rağmen içimden gelen bir hisle, "Beni de oynatmaz belki" dedim. Diğer arkadaşlar, "Olur mu, bütün hafta seni oynattı. İki üç saat sonra maç var. Neden oynatmasın seni?"dediler.

Odadan çıktık, toplantıya gitmek üzere aşağıya indik. Lobide Sinan Engin oturuyordu. Yanına oturdum. Maç için beni motive etti. "Sergen'le ikiniz bu maçı çözeceksiniz, inanıyorum" dedi. O sırada oturduğumuz yerin karşısında kalan toplantı salonunun kapısı açıldı. Kaptan Tayfur Havutçu çıktı salondan. İki üç dakika sonra maç toplantımız başlayacaktı. Tayfur Abi gelip bizim yanımıza oturdu. Tam da benim karşıma.

O sırada Sinan Abi maç için motive edici sözlerini sürdürüyordu. Tayfur Abi bana bakarak kaşlarını kaldırdı. Ben önce anlamadım. "Ne oldu abi" dedim. "Bilmiyorum emin değilim ama senin adını görmedim ilk 11'de" dedi. Toplantıya girdik. Hoca önce ilk 11'i açıkladı; yoktum. Devamında taktikleri verip toplantıya devam etti. Çok sinirliydim. Futbol hayatımda bu kadar çok sinirlendiğim birkaç an olmuştur. Bir yandan sinirimi kontrol etmeye çalışırken bir yandan da kalkıp odayı terk etmeyi düşündüm. Ama takım çok önemli bir maça çıkacaktı ve huzuru bozmak istemiyordum. Hoca toplantıyı bitirdi. Herkes çıktı. Hoca tam önümden geçerken iki dakikasını rica ettim, konuşmak için. "Şimdi zamanı değil" dedi. "Hayır şimdi zamanı" diye ısrar ettim. Bu arada odadaki herkes çıkmış, otobüse doğru gidiyordu. Maçın başlamasına az bir zaman kalmıştı ve stata geçmemiz gerekiyordu. "Çabuk ol" dedi. "15 gün önce siz bana başka şeyler söylemiştiniz. En azından dün akşam bana bir açıklama yapıp 'Tümer sana uçakta öyle söylemiştim ama bu şekilde bir kadro yaptım. Yine de tabii ki sana ihtiyacım olacak' deseydiniz, şu anki ruh haline girmezdim. Maça saatler kala benim kadroda olmadığımı söylüyorsunuz" dedim. Durdu ve Türkçe olarak "Sen işçi, ben patron. Ben ne söylüyor, o oluyor" dedi.

Bu tip durumlarda krizi yönetmek her zaman hocanın elindedir. O yüzden bazı hocalar sadece hoca sıfatı alırken, bazıları saygıdeğer hoca olarak anılır. Futbolcuyla iletişimi iyi bilmek ve krizleri iyi yönetmek; yetenekli futbolcuların sahip oldukları ekstra özellikler gibi bir hocanın sahip olabileceği ekstra bir özelliktir, yetenektir. İçerik olarak söyledikleri doğru olsa da söyleme şekli, yeri ve tarzı son derece yanlıştı.

Hocanın o lafının üzerine, "Eğer sen patronsan seni takımınla yalnız bırakıyorum" dedim ve otobüse gitmek yerine odaya çıktım. Sinan Abi arkamdan gelip, "Haklıyken haksız duruma düşme" dedi ve beni otobüse götürdü. Suratım beş karış asık bindim otobüse. Stata vardık. Takım ısınmaya çıktı, ben çıkmadım. Maç başladı. Üç kişi kenarda ısınırken ben kulübede oturdum. 1-0 mağlup duruma düştük. Döndü kulübeye ve bana "Oyuna giriyorsun" dedi. Ben "Nasıl olur? Üç kişi ısınıyor, onlar hazırlar" dedim. "Giriyorsun" dedi ve oyuna soktu beni. Futbol hayatımda hiçbir maçta bireysel olarak takımın önüne geçmeyi istememişimdir. O maçta Lucescu beni oyuna soktuğunda 1-0 gerideydik. Hayatımda ilk ve son kez o maçta, ilahi bir güçle önüme iki top düşmesini ve maçı tek başıma 2-1 almayı istedim. En iyi cevap olacaktı benim için. Maalesef olamadı.

Daha sonra Sinan Abi'nin anlattığına göre, dönüşte uçakta Lucescu, Serdar Bilgili'ye, "Tümer'i kovun, takımımda istemiyorum" demiş. Serdar Bilgili Sinan Engin'e olayı sorduğunda, Sinan Abi durumu anlatmış ve benim haklı bir isyanımın olduğunu söylemiş. Başkanın affıyla takımda kalmışız yani.

Del Bosque

2003-2004 sezonu sonunda Serdar Bilgili ve yönetiminin istifasından sonra yeni seçimle Yıldırım Demirören başkan oldu. İlk transfer olarak Del Bosque takımın başına hoca olarak getirildi. Del Bosque'nin takıma hoca olduğunu öğrendiğimde Çeşme'de tatildeydim. İmza attığını söylediklerinde önce inanamadım. Çok büyük bir isim hocamız olmuştu.

Sezon başında ilk toplantıda tanıştık hocayla. İnanılmaz babacan ve sıcak bir insandı. Deneyimi, bilgi birikimi, babacanlığı yüzüne yansıyordu. Kısa bir süre birlikte çalışma fırsatı buldum ama hayatımda gördüğüm en adil hocaydı diyebilirim. Çok adaletliydi. Çalıştığım en iyi yabancı hocaydı. Ben oynamadığım zaman kapris yapan bir oyuncu değildim. Oynamak istediğimi ya da mutsuzluğumu belli ederdim ama hiçbir zaman çalışmaktan ödün vermezdim. Şansa inanmayan biri olarak, "Eğer şans diye bir şey varsa o zaman, sana geldiğinde hazır olmak önemlidir" prensibiyle çalışır, zamanımın gelmesini beklerdim.

Del Bosque'nin takımın başına gelmesiyle birlikte epey değişiklikler; hem giden hem de yeni gelen birçok oyuncu oldu. İki yıldır Lucescu'nun oynattığı ve bütün takımın ezbere bildiği sistem değişti. Del Bosque kendi sistemini, yani 4-4-2'yi getirdi. Yeni başkan, yeni oyuncular, yeni hoca ve yeni sistemle yeni bir sezon başladı.

İlk beş hafta hiç oynamadım. Sonradan girip 10-15 dakika oynadığım birkaç maç oldu. Futbolcularla iletişimi çok iyiydi. O nedenle kesinlikle kendisine, "Neden beni oynatmıyorsun" diye bir serzenişim olmadı. Biliyordum ki, takımı deniyordu ve bir gün sıra bana gelecekti. Benim tek yapmam gereken hazır olmaktı. Samsun maçıyla da zaten o sıra geldi bana. O maçtan itibaren, Del Bosque ayrılana kadar takımın ilk 11'inde oldum. Takımın ve sistemin oturması için hocaya zaman gerekiyordu. Maalesef o zaman verilmedi kendisine ve daha uzun süre birlikte çalışma fırsatımız olmadı. Kısa sürede bütün oyuncuların, teknik heyetin, tesis çalışanlarının bile sevgisini ve saygısını kazanmayı başardı. Başarıları ve aldığı kupalarla kariyeri ortada bir isim olmasına rağmen; ben de dahil herkesin aklında ve kalbinde; sıfır kompleksli, adil, insani ve son derece mütevazı yanlarıyla yer etti.

Del Bosque ile ilgili en unutamadığım anım da, gönderilmesinden birkaç hafta önce kendisiyle oynadığımız bilardo maçıdır. Tesiste tek başıma bilardo oynarken hoca gelip "Birlikte oynayalım mı?" dedi. "Oynayalım ama nesine" dedim. "Ben yenersem yarın formanı alırım. Sen yenersen de benden hangi Real Madrid'li futbolcunun formasını istersen getiririm imzalı" dedi. Zidane'ın formasını istedim, tamam dedi. Yendim hocayı...

Konya'yla kupa maçı öncesi, antrenmanda omzumun üzerine düşüp, hastaneye gittim, MR çekildi, omzumu askıya aldılar. Ertesi gün kampa geldim. Kırık veya çatlak yoktu ama omzum zedelenmişti. İki gün sonra Konya'yla kupa maçımız vardı. Hoca doktor raporu üzerine beni kadroya almadı. Samsunspor maçında yaşadığımız olaydan sonra benim dobralığıma ve fikirlerime güveniyordu. Kadroda olmadığımı görünce yanına gittim. Omzumun bir gün sonra düzelebileceğini, o yüzden de kampta kalmayı ve ertesi günü karar vermesini istedim. "Riske atamam, benim için insan sağlığı her şeyden önce gelir" dedi. "Biliyorum böyle düşündüğünüzü ama ben kampta kalmak istiyorum" dedim.

Öncesinde doktorla görüşmüştüm. Üzerine düşmediğim, taç atmadığım ve kafaya çıkmadığım sürece ağrım geçerse oynayabileceğimi söylemişti. O gece kampta kaldım. Ertesi gün sabah kendimi denedim; hoca da izledi. Riske etmek istemedi ama ben çok istedim oynamayı ve oynattı beni. Çok iyi oynadım ve hatta doktorun uyarısının aksine kafa golü attım. Maalesef Konya'ya yenildik ve elendik. Ertesi günü de hocayı gönderdiler. Uğurlama sırasında bütün futbolcular, çalışanlar, hepimiz gözyaşları içindeydik. Yıllar sonra Yıldırım Demirören de Del Bosque'yi erken göndermekle hata ettiklerini çok defa söyledi zaten.

Del Bosque'nin ayrılmasından birkaç hafta sonra tesise girdiğimde güvenlik bir paket uzattı. Açtığımda içinden imzalı Zidane forması çıktı. Unutmamıştı...

Aylar sonra Liverpool-Milan Şampiyonlar Ligi finali için Fatih Terim, Rıdvan Dilmen, Hakan Şükür ve ben yayıncı kuruluş adına maçı yorumlamak üzere Yunanistan'a gittik. Final Atina Olimpiyat Stadı'ndaydı. Biz Hakan'la saha içinde yorum yaptıktan sonra tribüne çıktık. Bizim durduğumuz yerin üst katından Del Bosque beni görmüş, onlarca merdiven inip yanıma geldi. Sarmaş dolaş olduk. Çok kısa bir süre birlikte çalışma fırsatı yakalamış olmama rağmen hem kişiliği hem hocalığıyla yeri benim için her zaman farklı olacak bir hocadır.

Rıza Çalımbay

Del Bosque'nin ayrılmasından sonra takımın başına Rıza Çalımbay getirildi. Camianın içerisinden bir isimdi Rıza Hoca. Daha önceden bir tanışıklığımız yoktu. Kısa sürede en önemli oyuncularından biri oldum. Del Bosque'nin sistemini hiç değiştirmeden oynattı bizi. İyi de bir sezon geçirdik. Belki de Del Bosque kalsaydı, kendisine biraz daha zaman verilseydi çok daha iyi olabilirdik. Sezonu iyi şekilde kapattıktan sonra 2005-2006 sezonunda da Rıza Çalımbay'la devam ettik.

2005-2006 sezon başında, liglerin başlamasına günler kala topuğumdan bir sakatlık geçirdim. İlk maç oynayamadım. Bir sonraki hafta Gençlerbirliği maçında 20 dakika forma giyebildim. Bir gol attım. Bir sonraki hafta Diyarbakır maçında 45 dakika oynadım. Güzel bir asist yaptım. Sonrasındaki bütün maçlarda oynadım. Rıza Hocalı ikinci sezon takım kötüye gidiyordu. Hem hocaya hem de bize tepkiler gelmeye başladı. O dönem benim milli takımda iyi olduğum ama Beşiktaş'ta kötü olduğum bir dönem vardı. Sorun şuydu aslında: Milli takım, takım olarak iyi olduğu için bende kendimi gösterebiliyordum. Beşiktaş'ta o dönemde takım olarak kötüydük ve ben tek başıma ne kadar iyi olsam da bireysel yeteneğimin o kötü durumda ortaya çıkması mümkün değildi. Ama dışarıdan görüntü Tümer Metin milli takımda oynuyor, Beşiktaş'ta bilerek oynamıyor şeklindeydi. Tribünlerden de maçlarda kişisel tepkiler almaya başladım.

Kayserispor maçından bir gün önce, ismi bende saklı bir yönetici kampta beni ziyaret etti. Rıza Hoca'nın tribünle anlaştığını ve ertesi günü eğer sahada işler kötü giderse 75. dakikada beni oyundan alıp, tribünlerin bana kişisel tepkide bulunmasını sağlayacağını; böylece takımın kötü gitmesini de, olası puan kaybını da benim üzerime atmış olacağını söyledi. Zaten tribünlerin bana bir tepkisi vardı. Bu şekilde Rıza Hoca kendi üzerine çekeceği tepkileri bana yöneltecekti. Yöneticiden hocanın bu planını duyduğumda çok kötü hissettim kendimi.

O güne kadar yerli yabancı birçok hocayla çalışmıştım. Hemen hepsiyle tartışmam olmuştu. Hiçbir hocayla kişisel nedenlerle kavga etmedim. Özel hayatımda da, iş hayatımda da tahammül edemediğim tek şey haksızlığa uğramaktır. Onun dışında hocalarla yaşadığım tüm kavgalarımda hep ortak bir paydamız vardı. Hepsi takım için, daha iyisi içindi. Böylesi bir şeyi ne duymuş ne yaşamıştım daha önce. O yüzden içim içime sığmıyordu. Kaldı ki taraftarın tepkili olduğu milli maçlarda gollerimi hep 75. dakikadan sonra atmıştım. Dolayısıyla hoca beni kurban etmek için 75. dakikayı düşünerek seçmişti.

Maç başladı. Kötü oynuyorduk. İlk yarıyı 0-0 kapattık. Devre arasında hoca taktiği verdi. Sahaya çıkmak üzereydik. Hocanın gözünün içine bakarak "Hocam sakın beni oyundan çıkarma" dedim. Hoca, "Ne diyorsun sen! Bu maçı sen kurtaracaksın. Olur mu hiç!" dedi.

Dakika 75... Maç 0-0... Oyuncu değişikliği için tabela kalktı.11 numara... Bütün stat anında, "Tümer milli takıma" diye tezahürat yapmaya başladı. Kulübeye oturduğum an itibariyle sinirimden neredeyse cinnet geçirmek üzereydim. Maç bitti. İçeri girdiğimiz an kendimi kaybedip hocanın üzerine yürüdüm. "Bu yaptığını herkese anlatacağım" diye bağırarak küfürler ettim. Bütün sözlerime ve hatta küfürlerime rağmen beni duymazdan geldi. Hiç tepki vermedi. Tesise döndük. Ertesi gün Rıza Çalımbay kovuldu.

Kötü geçen o sezonda, Kadıköy'de Fenerbahçe'yi 4-3 yendiğimiz maç, Rıza Çalımbay'ın erken gönderilmesine engel olmuş, ona ekstra kredi sağlayan bir maç yaşanmıştı. Kayserispor maçı kredisini tamamladığı maç oldu.

Tigana

Rıza Çalımbay'ın gönderilmesinin ardından, sezon ortasında geldi Tigana. İyi bir hocaydı. Antrenmana çok önem verirdi. İsimler önemli değildi onun için. Herkese eşit davranırdı. Kendi kriterleri vardı. Sezon içerisinde onunla da bir kavgamız oldu. Gaziantep'le üst üste hem lig hem kupa maçımız olduğundan bir hafta Antep'te kaldık. Lig maçını kazandık. O maçın sonrasında bir okulda seminere katıldım. Sorulan sorular üzerine askerlik problemimi dile getirdim ve futbol hayatıma devam edebilmek için sezon sonunda yurtdışına gitmek durumunda olduğumu söyledim. Seminerden birkaç gün sonra, hafta ortasında oynadığımız kupa maçını 1-0 kaybettik. İlk maçı 2-0 kazandığımız için turu geçtik. Hafif bir sakatlığım vardı ve maça ilk 11'de başlamamış, sonradan oyuna girmiştim.

Maç sonunda soyunma odasında turu geçmemize rağmen maçta kötü oynadığımız için moralimiz bozuktu. Sevinememiştik. Tigana içeri girdi. "Kimse beni salak yerine koymasın. Sezon sonunda gitmek isteyen gidebilir. Ama şu an hâlâ bu takımın oyuncusu olarak herkes elinden gelenin en iyisini yapmak zorunda" dedi. Ben ayakkabımın tekini çıkartmış, çorabımı çıkartıyordum. Herkes dağılmış duşlara girmişti. Hocanın sözlerini üzerime alındım. Sinirle çıkarttığım çorabı sepete fırlattım. Meğer hoca beni izliyormuş. Ben otururken başıma geldi ve diziyle beni dürterek, "Tepki vereceksen daha sert vermelisin" dedi. Ben de bunun üzerinde diğer ayakkabımı çıkartıp sert bir şekilde yere attım. Bunun üzerine aramızda sözlü tartışma başladı. Araya girenler ayırdı bizi. Dönüş yolunda uçakta hocaya, inişte kendisiyle konuşmak istediğimi, bu şekilde geceyi bitirip, konuyu ertesi güne bırakmak istemediğimi söyledim. Hoca benimle o gece görüşmek istemediğini, ertesi günü konuşacağımızı söyledi. Gece uyuyamadım. Sabah tesiste odasına çağırdı.

Kendisine, kötü oynadığım için kendime kızdığımı; seminerde söylediğim sözlerden dolayı, o açıklamasının bana yönelik olduğunu düşündüğümü ve üzerime alındığımı söyledim. O da aslında o sözleri bana söylemediğini ama benden tepki gelince onun da şaşırdığını; bir yandan da takımı uyandırmak adına üzerime bilerek oynadığımı söyledi. Ben hareketimden dolayı özür diledim. Hoca da iki gün salonda antrenman cezası verdi. Üçüncü gün takımla çalışacağımı söyledi. Bir hocanın en önemli özelliklerinden biri, bu tip tartışmaları taşımamasıdır. Çoğu hoca bu tip kavgalardan sonra oyuncuları silip atabiliyor. Ama Tigana olayın ertesi günü konuşup, bana cezamı verip, sonrasına taşımadı bu olayı.

O yıl bizim en önemli maçımız Fenerbahçe'yle oynadığımız kupa finaliydi. Şampiyonluk iddiamız yoktu. İzmir'de Fenerbahçe'yle kupa finali çok önemliydi. Benim için Fenerbahçe maçları her zaman çok özel olmuştur zaten. Kupa finalinden önce dizimden bir sakatlık yaşamış ve iki hafta oynayamamıştım. Hocaya ne olursa olsun kupa finalinde oynayacağımı ve kendisine kupayı getireceğimi söyledim. Bir şartla kabul etti. Maç öncesi ter idmanına çıkmam gerektiğini söyledi. Ter idmanına çıktım. Ertesi günü maç saatinden iki saat önce dizime iğne yedim. İğnesiz oynamam mümkün değildi; çok ağrım vardı. İğneden sonra ayağımı hissetmiyordum. Hayatımda ilk defa iğneyle bir maça çıkacaktım. Ayağımdaki uyuşukluk hissi beni çok rahatsız ediyordu. Doktor normal olduğunu ve ısınırken geçeceğini söyledi. Gerçekten de ısınırken uyuşukluk hissi geçmeye başladı. Maç başladı. İlk yarıyı 2-0 önde kapattık. İlk golü frikikten ben attım. İkinci golün de asistini yaptım. İlk yarı rüzgâr arkamızdaydı. İkinci yarı rüzgâra karşı oynadık. Maçın normal süresi 2-2 bitti. İlk uzatmada gol olmadı. İkinci uzatmada rüzgâr yine arkamızdaydı. Dakika 118... Herkes maçın penaltılara kaldığını düşünürken, kariyerimin en anlamlı gollerinden birini attım. Maçı 3-2 kazandık. Kupayı aldık. Çok önemli bir kupaydı bizim için. Çok sevindik. 100. Yıl şampiyonluğundan sonraki ikinci kupamı almıştım siyah beyaz forma altında. Üstelik bu kupaya da imzamı atmıştım!

Saha içerisinde bütün takım seviniyorduk. O sırada Başkan Yıldırım Demirören'le de sarmaş dolaş olduk. Ben başkanın kulağına, "Başkanım sizden bir ricam var" dedim. Bu sözüm kameralara yansıdı. Hatta ertesi gün haberlerde, "Tümer, başkandan askerlik sorununu çözmesini istedi" şeklinde yansıdı. Oysa ki başkandan kolundaki saatini istemiştim. Başkan da ertesi hafta sözünü tuttu.

"Kamyon dolusu adam"

Kupa maçından önce ödemelerle ilgili takım içerisinde bir sıkıntımız oldu. Benim Beşiktaş'ta oynadığım sürece yaşadığım ilk mali sıkıntıydı. Önce Başkan Yıldırım Demirören'e bir açıklama yapması için haber gönderdik. Kendisi gelmeyeceğini ve bir açıklama yapmayacağını iletti. Bunun üzerine, biz de bütün takım olarak antrenmana çıkmama kararı aldık. Kararımızı ilk Tigana'ya ilettik. O da, haklı olduğumuzu ve bizi desteklediğini söyledi. Antrenmana çıkmadık. İki saat sonra başkan geldi. Ödemelerin yarısının hemen, kalan yarısının da kupa maçından sonra yatırılacağını söyledi. Bu söz üzerine antrenmana çıktık. Bu konu hiçbir zaman basına yansımadı. Ama kupa finali öncesi büyük bir krizdi aslında. Antrenman sonrası Murat Aksu takımın kıdemlilerini yanına çağırdı. Tayfur Abi, ben, İbrahim Üzülmez, Sergen, yabancılar adına da Cordoba, Murat Aksu'nun yanına gittik.

Murat Aksu, "Takımın büyükleri olarak bu isyana neden müdahale etmediniz?" dedi. Biz de engel olunacak bir durum olmadığını, sadece ödemelerin gecikmesiyle ilgili bir açıklama beklediğimizi söyledik. Bu sözümüzün üzerine çok sinirlenerek, "Başkan ödemelerin yarısını yarın yatıracak, yarısını da kupa maçından sonra yatıracak. Ama eğer o kupayı alamazsak ben buraya bir kamyon dolusu adamla gelirim" dedi. Hepimizi açıkça tehdit

Sonuç ve sonucun kimi şampiyon yapacağını düşünmeden...

etmişti. Aynı anda Sergen'le ikimiz ayağa kalkıp, "O bir kamyon adamınız burada iş yapmaz" dedik ve hepimiz çıktık odadan.

Kupa maçından sonra saha içerisinde Murat Aksu bana sarıldığında, "Şimdi getirsenize bir kamyon dolusu adamınızı" dedim. Hiçbir şey söylemeden sadece güldü.

2005-2006 sezonu Beşiktaş-Galatasaray maçı

O yıl biz Türkiye Kupası'nı aldık. Galatasaray da lig şampiyonu oldu. Bizim kupa finalimizden üç gün sonra İnönü'de Galatasaray'la lig maçımız vardı. Ligde son iki haftaydı; bir iddiamız yoktu. Fenerbahçe ile Galatasaray çekişiyordu. Biz hangisinin şampiyon olacağıyla ilgilenmiyorduk. Bizim için sezon kupa maçı finaliyle bitmişti. Kupa maçı öncesinde hocaya, "Ben sana kupayı getireceğim. Ondan sonra iki maç var; Galatasaray ve Trabzonspor ama beni unut lütfen. İğneyle kupa maçında oynayacağım ama bu ayakla son iki maçta oynayamam" dedim. Hoca, "tamam" dedi.

Kupa finalinde hocaya verdiğim sözü tutmuştum. Ama sonrasında olaylar maalesef çok farklı gelişti.

Sezon ortasında Yıldırım Demirören bana göre kelimenin tam anlamıyla "talihsiz" bir beyanatla, "Biz şampiyon olamıyorsak Galatasaray şampiyon olsun" dedi. Bunun üzerine Galatasaray maçı öncesinde bir sürü senaryo yazılıp çizildi. Bununla birlikte seyircimizin de baskısı oluştu doğal olarak. "Unutma 92-93 sezonunu, hatırla ne oldu Ankara'da" marşıyla birkaç hafta önceden baskıya başladılar.

Başkan sezon ortasında o açıklamayı yaparken belli ki Galatasaray'ın şampiyonluğunun bizim maçımıza kalacağını tahmin edemedi. Kaldı ki, tahmin edip etmemenin ötesinde, bir kulüp başkanı olarak bu tarz bir beyanat vermek hiçbir açıdan anlaşılabilir ya da açıklanabilir bir şey değildi.

Sonuç olarak birdenbire Galatasaray maçı bizim için onur maçına döndü. Başkan da maçtan önce bizi motive edip, herhangi bir şaibenin altında kalmamak için, sonuç bizi etkilemese de, çıkıp Beşiktaş gibi oynayıp Galatasaray'ı yenmemizi istedi. Sakat olmama ve ağrılarıma rağmen ben bile kendimi sahada buldum.

İzmir'de kupa finali sonrasında, bir grup genç, tribünlerle birlikte bir marş söylemem için beni çağırmışlardı. Tribüne doğru gittiğimde yanıma gelen grubu bulamamış, organizasyon bozukluğundan seyirciyle karşılıklı marş söyleyememiştik. Galatasaray maçına Türkiye Kupası'yla çıktık. Kupayı sahanın ortasına koyduktan sonra bütün takım arkadaşlarımla kupa etrafında poz verdik. Kendi seyircimiz önünde Türkiye Kupası'nı kaldırdık. Maç için ısınmaya geçtiğimizde tribünler beni çağırdı. Yumruk şovdan sonra tam sırtımı dönüp yürüyordum ki, bir daha çağırdılar. İlk anda anlamadım, neden çağırıyorlar tekrar diye... Döndüm, tezahürata başladılar birden... İzmir'de gerçekleştiremediğimiz şeyi Galatasaray maçı öncesi yaptık. Karşılıklı marş söyledik bütün tribünle.

Maç başladı. Sonucun bizim için bir önemi olmasa da Galatasaray'la oynuyorduk. Galatasaray karşısında da, Beşiktaş gibi oynayacaktık doğal olarak. İlk yarı 0-0 bitti. İkinci yarı benim golümle 1-0 öne geçtik. Kariyerimin en güzel gollerinden birini attım. Sakatlığıma rağmen çok iyi oynuyordum. Sahanın en iyi oyuncularındandım. Benim tek düşüncem elimden gelenin en iyisini yapmaktı. Maçtan önce hem basın hem de seyircimiz tarafından üzerimizde çok büyük bir baskı oluşturulmuştu. Maça o baskıyla çıkmıştık. Yensek de yenilsek de elimizden gelenin en iyisini yapıp, Beşiktaş gibi oynayacaktık ki öyle de oynuyorduk. Hasan Kabze durumu 1-1 yaptığında maçın bir an önce bitmesini istedim. Bunu isterken amacım, maçın 1-1 bitip Fenerbahçe'nin şampiyon olması değildi. Takım olarak herhangi bir töhmet altında kalmamaktı. O ana kadar çok iyi mücadele ettik. Kendimizi gösterdik. Maça yatmadık. Ama aynı zamanda Fenerbahçe için de oynamadık. Biz Beşiktaş olarak rakip kim olursa olsun çıkıp kendi gücümüzle oynadık. Sonuç ve sonucun kimi şampiyon yapacağını düşünmeden...

90+2'de top Cordoba'ya gitti. Cordoba, kendine özgü vuruş stiliyle, yatay şekilde topa vurup bana attı. Top daha bana doğru gelirken, topun bana gelmeyeceğini hissettim. Önümde Sabri vardı. Top hepimizi aşıp taca gitse maç bitecekti. Top Sabri'yi aşıp bana geçse, topu göğsümle alacağım, Sabri dokunacak, düşeceğim, hakem faul verecek, maç bitecekti. Ya da Cordoba topu bana atmayıp havaya dikse top yere düşmeden maç bitecekti.

Bir sürü olasılık içinde hiçbiri olmadı. Top Sabri'ye gitti. Hakem o an bitiremezdi maçı doğal olarak. Sabri topu alıp dripling yapmadı, ceza sahasının üzerine doğru şişirdi. Saniyeler içinde, biten bir pozisyon, bir anda atağa dönüştü. Hakan Şükür ile İbrahim Toraman kafaya çıktı. Hakem orada da bitiremezdi maçı. Çünkü bir gol pozisyonu vardı. Hakan topu indirdi. Yine olasılıklar başladı. Top bizden bir oyuncuya gitse, dışarı atacak topu ve maç bitecekti. Ya da birisi topu uzaklaştırsa maç bitecekti. Yine hiçbiri olmadı. Hakan indirdi; top Hasan Kabze'ye gitti. Hasan Kabze vurdu ve gol oldu.

Ben ve Sergen, ikimiz de refleks olarak aynı anda tek elimizi havaya kaldırdık. Ne söylediğimizi bilmeyenler için görüntü sanki Cordoba'ya "Maçı mı sattın? Ya da napıyorsun sen?" diye çıkışmışız gibi bir görüntüydü. Ama tek elimizi havaya kaldırarak anlatmaya çalıştığımız ve ikimizin de söylediği şey şuydu aslında: "Topu diksene havaya! Havaya doğru vursana!"

O tepkimiz, sanki Fenerbahçe'nin şampiyonluğu için o maça çıkmışız ve Galatasaray'ın şampiyonluğuna, o son saniye golüne o yüzden o kadar tepki göstermişiz gibi algılandı. Ben maçtan sonra Lig TV'ye yaptığım açıklamada; "Kimin şampiyon olduğu beni ilgilendirmiyor. Benim Tümer Metin olarak Cordoba'ya tepkim topu neden dışarı atmadığı ya da degaj yapmadığıyla ilgiliydi. Degaj yapsa maç bitecekti, olmadı, yapmadı! Ama ben bu akşam başımı yastığa rahat koyacağım" dedim.

Kaldı ki, o maç berabere bitse, evet Fenerbahçe şampiyonluğunu ilan edecekti sayemizde ama sonuçta Fenerbahçe son maçta Denizli'yi yense zaten şampiyon olacaktı, yenemediler!!!

Serhat Ulueren röportajı

O sezona dair çok konuşulan konulardan biri de Serhat Ulueren'le yaptığım röpotaj oldu. Sezon ortasında bir gün Adnan Polat'la aynı mekânda ayrı ayrı yemek yerken karşılaştık. Başkanı sosyal hayattan tanıyordum. Selamlaştık, konuştuk. Mekândan da aynı anda çıkınca gazeteciler fotoğrafımızı çektiler. Ertesi günü gazetede, Ümit Karan-Tümer Metin takası haberleri çıktı. Ümit Karan'da Beşiktaş forması, bende Galatasaray formasıyla fotoğraflarımızı bile basmışlardı. Bu dedikodular üzerine Serhat Ulueren beni aradı. Olayı anlattığımda, bana kendimi anlatabilmem için röportaj teklif etti. Kabul ettim. Röportajı yaptığım sırada gündem, benim Galatasaray'a gidip gitmeyeceğimdi. Buna istinaden Serhat Ulueren, o dönem çıkan haberleri aydınlatmak için bana Beşiktaş'tan başka takımda oynayıp oynamayacağımı sordu.

Ben de Beşiktaş'tan başka bir takımda oynamayacağımı söyledim. Ne görüştüğüm bir kulüp ne de kendi kariyer planımda Beşiktaş'tan başka yerde oynamak vardı. Doğal olarak net bir cevap verdim. Bugünden baktığımda evet keşke daha politik bir cevap verseydim diyorum. Ama diğer yandan da Beşiktaş'tan başka kulüpte oynamam derken aslında hâlâ arkasında durduğum kendi isteğimi belirtmiştim. Ben Beşiktaş'tan başka bir kulüpte, yüzde yüz bana bırakılan bir tercih ve kararla oynamadım ki...

"Only God can judge me"

Beşiktaş'ta oynadığım yıllarda hakkımda en çok konuşulan konulardan biri de dövmemdi. Belki de yaptırdığım zamanlamadan dolayı birileri üstüne alındı, birileri farklı yorumladı. İlk dövmem olan "Only God can judge me"yi 2004 yılında yaptırdım.

Her zaman dövme yaptırma isteği vardı içimde. Öncesinde çok kez dövmeciye gidip şekillere, resimlere baktım ama hiçbiri beni etkilemedi. Hep ileri yaşları düşündüm. O yüzden dövme olarak yazıyı tercih ettim. Vücut ne kadar sarksa da, yaşlansa da o yazı okunduğu sürece beni o güne, o hissiyata götürecekti. Ayrıca sanırım gençlik yıllarıma dayanan şiirler, yazılar, güzel sözlere olan yakınlığımın da etkisi vardı. Bugün vücudumdaki dövmelerin çoğu yazıdır. Hepsi de benim için anlamı olan sözlerdir.

"Only God can judge me"... Oynadığım dönemde takımda en çok konuşulan isimlerdendim. İyi oynadığımda gol sevincim, kötü oynadığımda performansım. Bir şekilde hep eleştirilen bir isimdim. O dövmeyi yaptırdığım dönemde üst üste gelen tepkilerden çok bunalmıştım. Ben kendimi biliyordum, neyi doğru neyi yanlış yaptığımı da. Bir yandan kendimi motive etmeye çalışıp daha iyi olmaya çalışsam da bir yandan duyduğum, okuduğum eleştiriler beni daha da olumsuz etkiliyordu. Belli dozda eleştiriyi tabii ki anlarım ama o dönem bana yapılan eleştirilerin dozu epeyce kaçmıştı.

Benim işim futbol oynamak... Sonuçta bu bir oyun ve benim yaptığım şey de "iş"... Bir iş üzerinden yola çıkıp bu kadar kişisel eleştiriler, hakaretler, tavırlar vs. ne demek oluyordu!

Ben dinime bağlı bir insanım. İyi insan duygusunu yaşatırım, içimde kötülük beslemem. Allah sevgim ve korkum vardır. İlahi adalete inanırım. Ben Allah'a, öldükten sonraki hayata inanan biri olarak bir gün sadece ve sadece O'nun tarafından yargılanacağıma inanıyorum. Kişiliğime varan eleştiriler olduğu dönemin öncesinde de dövme yapmak istiyordum zaten. Beni etkileyen bir söz yazdırmak istiyordum. "Only God can judge me" de, beni rahatlatan ve içimdeki isyanı yansıtan bir sözdü. Kimsenin gözüne sokmak için yapmadım. Kendim için yaptırdım. Hiçbir zaman pişman olmadım, eminim olmayacağım da. Hayata bakışım, Allah inancım aynı olduğu sürece bu dövmemden bıkmam mümkün değil.

5

Milli takım (I. dönem)

Olduğu "kadar", olmadığı
"kader."

Şems-i Tebrizi

2006 Dünya Kupası Şampiyonası öncesi oynadığımız grup maçlarında, üst üste başarılı maçlar oynadığım dönemde, Lig TV benimle ilgili bir program hazırlamıştı. Programda ailem ve benimle çalışmış/çalışan hocalarımla röportajlar vardı. Programı hazırlayan Tuba Yurcu, hakkımda konuştuğu isimlerden biri olan Fatih Terim'e şöyle bir soru sordu programda:

"Bu seviyede oynayan Tümer Metin'in daha önce hiç ümit milli, genç milli ya da U17, U18 oynamamasını neye bağlıyorsunuz?"

Fatih Hoca da şöyle bir cevap verdi:

"Bazen biz de hatalar yapabiliyoruz. Bazen bazı oyuncular gözden kaçabiliyor. Tümer'i gözden kaçırmışız."

Fatih Hoca'nın "gözden kaçırmışız" dediği nokta şuydu: Benim dönemimde milli takıma oyuncu seçiminde bölge karmaları vardı. Bugünün deyimiyle *scout*, o zamanki adıyla temsilciler/gözlemciler... Her bölgenin temsilcisi vardı. Görevi; yetenekli oyuncuları keşfedip bölge karmalarına çağırmaktı. Zonguldak'tan da bölge karmalarına çağırılan oyuncular oluyordu. Ama ben maalesef hiç o karmalara çağırılmadım. Dolayısıyla A milli takıma seçilmeden önce, ne genç milli ne de ümit milli takımda oynadım. O temsilci/gözlemciler hiçbir zaman profesyonel bir seçimle seçmezlerdi aday oyuncuları. Ben kendi dönemimdeki bu çarpık sistemi biliyordum. Zonguldak'tan milli takıma gidemeyeceğimi de biliyordum. O yüzden kendime koyduğum öncelikli hedef, İstanbul'a, üç büyüklerden birine transfer olmaktı. Kendimi gösterip üç büyüklerden birinde oynarsam, milli takıma gidebilirdim. Aslında bölge karmaları ve seçmeler düzgün yapılsaydı ve ben genç veya da ümit milli oynayabilseydim zaten hedefim olan üç büyüklere çok daha erken yaşlarda gelebilirdim. Olmadı! Samsunspor'a transfer olduğumda da yaşım genç veya ümit milli takım için geçti. Artık A milli takımda oynayabilirdim ancak. Samsunspor'da özellikle son yılımdaki performansımla da artık milli takımı hak ettiğimi düşünmeye başlamıştım. Zaten o yılın sonunda önce Beşiktaş'a transfer oldum, sonra da milli takıma seçildim.

Benimle aynı durumda olan, genç milli ya da ümit milli takım oynamadan direk A milli takıma giden oyuncu sayısı da bir elin parmaklarını geçmez. Bu bir dezavantajdır zaten. Genç milli, ümit milli ve sonrasında A milli takıma yükselen oyuncular, ligde başka takımlarda oynasalar da, birlikte geçirdikleri milli takım kampları, hazırlık maçları ve turnuvalar sayesinde birbirlerini tanıyor, birbirlerinin gelişimlerini yakından görme fırsatı buluyorlar. Mesela Rüştü Reçber, Hakan Şükür, Tolunay Kafkas, Abdullah Ercan, Sergen Yalçın, Tugay Kerimoğlu, Bülent Korkmaz, Arif Erdem, Hakan Ünsal, genç milli takımdan itibaren birlikte oynayıp, A milli takım seviyesine yükselmiş oyunculardır ki bu şekilde ilerlemenin milli takımın başarısına katkısı tartışılmaz.

Her ne kadar A milli takıma oyuncu seçimlerinde herkesin bireysel olarak kendi takımlarındaki başarıları ölçü alınsa da; bireysel olarak yetenekli oyuncuları bir araya toplasanız da; onların birlikte oynamalarını, bir takım olmalarını sağlamak kolay değildir. O yüzden genç ve ümit millide birlikte oynamak önemlidir. 2002-2003 sezonunda seçildiğim ilk milli takım kampında daha iyi anladım bunu. Rüştü Reçber ve Hakan Şükür'ün hiçbir zaman aynı takımda oynamamalarına rağmen genç milli takımdan itibaren birlikte geçirdikleri milli takım kampları, birbirlerini tanımaları, takım içinde pozitif uyumun olmasını da sağlıyordu doğal olarak. Bir hafta önce derbide karşılıklı oynasalar, hatta sahada atışsalar bile bir hafta sonra milli takım kampında, çok daha yüksek bir değer ve amaç uğruna aynı çatı altında toplanıldığında her şey değişiyordu. Zaten benim olduğum hiçbir milli takım kampında hiçbir zaman kıskançlık, rekabet kavga olmadı. Çok muhteşem bir arkadaşlık ortamı vardı her zaman. Başka türlü başarılı olunamazdı.

"Milli kadroda yoktum"

Zonguldak'ta tepede tek başıma top oynadığımda hayalim bir kulüp çatısı altında olmaktı. Zonguldakspor altyapısına yazıldığım gün artık hedefim A takıma girebilmek oldu. Adım adım he-

Milli formayla ilk buluşma. İzmir'de Ukrayna maçı (2002).

defimi gerçekleştirdikçe kendime hep yeni hedefler koydum. A takım, 1. Lig, üç büyükler... Ne zaman Beşiktaş'a, hem hedefim hem çubuklu forma hayalime kavuştum; artık yeni hedefim/hayalim milli takım formasını giymek oldu.

Her futbolcunun gönlünde yatan formasını giymek istediği bir takım vardır. Milli takım ise takımlar üstüdür ve her futbolcunun en büyük hayalidir. Ben bu hayalime Beşiktaş'a geldikten sonra ulaştım. 2001-2002 sezonunda, artık basın da performansımla milli takımı hak ettiğimi yazmaya başladı. Hatta Daum, o sezon oynadığımız Fenerbahçe maçından sonra yaptığı basın toplantısında, bir soru üzerine, “Bence Tümer milli takımı sonuna kadar hak ediyor” demişti. O sezon, performans olarak Beşiktaş'taki en iyi yılımdı. Aynı dönemde milli takım, 2002 Dünya Kupası eleme maçlarını oynuyordu ve başında Şenol Güneş vardı. Sadece ben değil, gerek basın gerek futbol camiasındaki önemli isimler, kadrolar açıklanmadan benim mutlaka o kadroda olacağımı düşünüyorlardı.

Hatta Coca-Cola daha kadrolar açıklanmadan çektiği milli takım temalı bir reklam filminde ben, Rüştü, Emre Âşık ve Ümit Özat'ı oynatmıştı. Hiç milli takım forması giymemiş biri olarak reklamda birlikte oynadığım diğer bütün oyuncuları tanımama rağmen, içten içe bir rahatsızlık duymuş; bir yandan da zaten seçileceğim umudunu taşıyarak oynamıştım. Ama maalesef o kadroya giremedim. Şenol Güneş beni tercih etmedi. Ben yine de ümidimi hiç yitirmedim. Bir şekilde milli takıma bir gün gideceğimi biliyordum.

Milli takım kadrosu açıklandığı anda gazeteci Fatih Doğan'la bir röportaj yapıyorduk. Gaziantep'i altın golümle kupadan elediğimiz günlerdi. Röportaj esnasında, konu bir şekilde milli takıma geldi ve o sırada kadroların açıklandığı duyduk. Kadroda olmadığımı röportaj sırasında öğrendim. Bunun üzerine Fatih Doğan bana konuyla ilgili fikrimi sordu. Cevap olarak sadece son dönemdeki performansımla o formayı hak ettiğimi düşündüğümü söyledim. Şenol Güneş'e ya da beni tercih etmemesine dair hiçbir şey söylemedim.

Milli takım hocasına kırgınlık olmaz zaten. Kırılamazsınız, kırgın olamazsınız. Öyle bir lüksünüz yoktur. Onlarca futbolcu arasından seçilmek bir ayrıcalıktır. Sahada olmasanız da o kadroda olmak bile yeterlidir. O seçilme duygusu bile çok özeldir. İşinize daha çok sarılmanızı sağlar. Hangi takımda oynarsanız oynayın, ne kadar para kazanırsanız kazanın sizi çok daha farklı motive eder, gururlandırır.

Seçilmişlik hissi

İzmir Atatürk Stadı benim hayatımda bana farklı mutluluklar yaşatan bir stattır. Beşiktaş'la 2006 Türkiye Kupası'nı kazandığımız maçı da; milli takım formasıyla ilk oynadığım maçı da İzmir Atatürk Stadı'nda oynadım.

2002-2003 sezonuydu. Ukrayna'yla bir hazırlık maçı oynanacaktı. Milli takıma seçilen oyuncular için kulübe tebligat geldi. Benim adım da vardı listede... Gözlerim doldu. Karışık duygular içinde önce eşimi, sonra ailemi aradım. Onların sevincini ve duydukları gururu hissedince daha da duygulandım. Çok farklı bir histi seçilmişlik hissi... Onlarca yetenekli oyuncu arasından seçilmek... O kadroda olmak, manevi olarak bir futbolcunun erişebileceği en üst mertebeydi.

Milli takım kadrosunda "Beşiktaşlı Tümer Metin" olarak geçsem de, onlar Beşiktaşlı Tümer Metin'i seçmiş olsalar da; benim için, Zonguldak'ta, tepede, kendi başına top oynayan çocuk milli takıma seçilmişti. Yaşadığım işte o çocuğun mutluluğu ve gururuydu.

Milli takıma seçilmeme benim kadar sevinen ve benim adıma mutlu olan ailem dışında bir isim daha vardı: Tayfur Havutçu. Kampa girdiğimiz Polat Otel'e Tayfur Abi'yle beraber gittik.

Otelin kapısından içeri adımımızı attığımız andan itibaren her şey organizeydi. Resepsiyonda oda anahtarı ile birlikte üzerinde Tümer Metin yazan bir çanta verdiler. Odaya çıktım, çantayı açtım. Ay-yıldızlı formayla, kırmızı-beyaz eşofmanlar çıktı içinden. Ellerim titreyerek, formayı aynada üzerime tutup, beş dakika kendime baktım. Gurur duyuyordum. Hayatta giydiğim/giyeceğim en değerli, en kıymetli kıyafeti tutuyordum ellerimde...

O sırada odaya Milli Takım İdari Menajeri Can Çobanoğlu geldi. "Hayırlı olsun. Allah utandırmasın. İnşallah uzun yıllar aramızda olursun. Bir şeye ihtiyacın olursa söyle ama burada bir şeye ihtiyacın olmaz" dedi. Haklıydı. Sonradan anladım. Milli takımda her şey kusursuz işlerdi. Her şey düzenli, her şey özenliydi. En ufak bir aksaklık olmazdı. Dört dörtlük bir programla futbolcunun sadece maça konsantre olabilmesi için her şey düşünülürdü. Program önceden hepimize saat saat, dakika dakika söylenir ve sıfır aksamayla tıkır tıkır işlerdi.

Kampın ilk akşam yemeğinde, bütün takım arkadaşlarım yanıma gelip iyi dileklerini ilettiler. O gece Polat Otel'de kalıp ertesi gün İzmir'e geçtik. Şenol Güneş, maç günü toplantıda maç kadrosunu açıkladı. İlk 11'deydim. Kadroda olmak, ilk 11'de olmak benim için ikinci kez seçilmekti. Milli takıma seçilmiş Türkiye'nin en iyi oyuncuları arasından tekrar seçilmek beni daha da heyecanlandırdı.

Ertesi günü maça çıktık... 35. dakikada karın adalem yırtıldı. Bunca yıldan sonra, bu kadar istedikten ve uğruna bu kadar savaştıktan sonra, o kutsal formayla çıktığım ilk maçta, 35. dakikada sakatlandım. Canım çok acıyordu. Çektiğim acı sadece adale yırtığının fiziksel acısı değildi. Çok istemiştim. Çok çalışmıştım. Çok hak etmiştim. Adelemle birlikte içimde bir şeylerin daha yırtıldığını hissettim. Canım hem fiziksel hem de ruhsal olarak acıyordu.

Fiziksel olarak iyileşmem ve eski performansıma dönmem 10 haftayı buldu. 35 dakikalık milli forma hayalinin bedeli 10 hafta oldu. Ruhsal olarak yaşadıklarım için ise denecek pek fazla bir şey yok. Şansa inanmayan ama bununla birlikte kadere sonuna kadar inanan biri olarak kendimi teselli ettim: Olduğu kadar, olmadığı kader!

2004 Avrupa Şampiyonası

2003-2004 futbol sezonu sırasında 2004 Avrupa Şampiyonası'na gidebilmemiz için grup eleme maçları oynanıyordu. Önümüzde milli takımla 15 gün içerisinde iki maç vardı. Önce deplasmanda Liechtenstein, sonra içeride İngiltere'yle oynayacaktık. Bir yıl önceki 35 dakikalık serüvenimden sonra bir kez daha milli takıma seçilmiştim. Bu kez durum farklıydı. Hazırlık maçı değil, Avrupa Şampiyonası grup eleme maçı oynayacaktık. O sezon aynı zamanda Beşiktaş'la şampiyonlar liginde yarışıyorduk. Chelsea, Lazio ve Sparta Prag ile grup maçlarımız vardı. Hem milli takım, hem lig, hem şampiyonlar ligi maçları arka arkayaydı.

Milli takım ve Beşiktaş'ın önünde şöyle bir maç maratonu vardı: Milli takımla deplasmanda Liechtenstein maçı, dönüşünde Beşiktaş-Galatasaray derbisi, ardından Chelsea-Beşiktaş Şampiyonlar Ligi maçı, beş altı gün sonra da milli takımla evimizde İngiltere maçı... 20-25 günlük bir periyot hem Beşiktaş hem de milli takım için çok önemli maçların üst üste oynandığı dönemdi.

Ben şansa inanan biri değilim. Çünkü şans insanın elinde olan, yetenek, emek veya başarıyla kazanılan bir şey değildir. Bir şekilde size ne zaman sunulacağını bilmediğiniz ya da sunulduğunda da ne zaman ve hangi sebeple olduğunu bilmeden tekrar sizin elinizden alınabilecek bir durumdur. Ben şansa inanmam ama şans geldiğinde hazırlıklı olmak gerektiğine inanırım. Yaşadığım deneyimlerle de o şans bana geldiğinde, her ne kadar hazırlıklı olsam ve o şansı iyi değerlendirsem de benden alındığını gördüm. O iki milli maç arasındaki 15 gün benim hayatımda sportif anlamda hem en büyük keyfi hem de üzüntüyü yaşadığım ve şansa zaten olmayan inancımı tekrar pekiştirdiğim bir zaman dilimi oldu.

Bir yıl önce yaşadığım kötü olaydan sonra tekrar o formayı kazanmak, ki bu kez çok daha önemli bir maç için, çok güzel bir duyguydu. İyi olduğum, istikrarlı olduğum bir dönemdi ve artık bir daha milli takım formasını kaybetmeyi istemiyordum. Şenol Güneş de kampın başında yaptığımız görüşmede, o talihsiz olaydan sonra tekrar aralarında olmamdan dolayı mutlu olduğunu, bana inandığını ve güvendiğini söyleyerek bana destek ve moral verdi. Ayrıca ertesi günü oynayacağımız maçın çok önemli olduğunu ve benim ilk 11'de başlayacağımı söyledi. Ertesi gün Liechtenstein'ı 3-0 yendik. İlk golü Tuncay Şanlı'nın asistiyle ben attım. Milli takımda ay yıldızlı formayla ilk resmi maçımda hem iyi bir performans sergilemiş hem de ilk golümü atmıştım. Benden mutlusu yoktu.

Daha önce söylediğim gibi bir hedefimi/hayalimi gerçekleştirdiğim an kendime yeni bir hedef koyarım. Liechtenstein maçında iyi bir performansla ilk 11'de oynayıp golümü attığım an itiba-

Liechtenstein'ı 3-0 yenen milli kadro.

riyle yeni hayalim/hedefim iki hafta sonra oynayacağımız İngiltere maçında kadroda olmak, oynamak ve yıllardır gol atamadığımız İngiltere'ye gol atarak tarihe geçmekti. Liechtenstein maçında Şenol Hoca'nın benden istediği ve beklediği görevi başarıyla yerine getirdim. O nedenle İngiltere maçı kadrosu için umutla ve biraz da kendime güvenle ilk 11'de oynamasam da kadroda olmayı bekliyordum. Liechtenstein maçının ardından çok iyi moralle Türkiye'ye döndük. Kamptan tebrik ve teşekkürlerle ayrıldık.

Milli maçın ertesinde Galatasaray'la lig maçı oynadık. O maçta da çok iyi performans sergiledim. Derbiden üç gün sonra da Chelsea ile şampiyonlar ligi maçı oynadık. O maçı Sergen Yalçın'ın iki golüyle 2-0 kazandık. Çok önemli bir galibiyetti. Kendi imzasıyla gelen galibiyet sonrası basında Sergen'in adı milli takımla birlikte anılmaya başladı. Ben için için ikimizin de aynı anda kadroda olamayacağımızı biliyordum. Ben Sergen'in Chelsea maçındaki çok iyi performansına ve basında yer alan haberlere rağmen yine de Liechtenstein maçında bana verilen görevi başarıyla yerine getirmenin özgüveniyle ve ayrıca Şenol Güneş'in en yakından benim milli forma için ne kadar savaştığımı gördüğüne ve bildiğine inanarak, o kadroda olacağıma inanıyordum. En azından inanmak istiyordum.

Birkaç gün sonra İngiltere kadrosu açıklandığında kadroda Sergen Yalçın vardı; ben yoktum. Açıkçası Sergen'in kadroda olmasına şaşırmadım. Ama benim çok başarılı milli maç performansıma rağmen en azından o kadroya alınmamış olmama çok şaşırıp hayal kırıklığına uğradım. Milli takım daha farklı bir emek, daha farklı bir aidiyet duygusu ve sevgiyle oynanan bir takımdır. Sakatlansanız da, canınız çok acısa da üzerinizden o formayı çıkartmamak için acıyla sahada kalabilecek kadar sevmeyi gerektirir. O takımda olmama, sahada olmasam da, en azından kampta o heyecana eşlik etmeme, beni kadroya bile almayarak izin vermeyen Şenol Güneş'e yıllar sonra, o günkü hislerimi ve hayal kırıklığımı içenlikle anlattım.

Sonraki yıllarda Fatih Terim'li dönemde milli takıma çağırıldığım ilk maç Bulgaristan hazırlık maçıydı. Bütün takımla kamp dönemini geçirmiş ancak Bulgaristan'a gidileceği günden bir gece önce sakatlığım nedeniyle kadrodan çıkartılmıştım. Hoca benimle birlikte sakatlığı olan ve maçta oynayamayacak Ergün'e kampı istediğimiz zaman terk edebileceğimizi söylemişti. Ben o gece terk etmek istemediğimi belirtip ertesi sabah takımı otobüslerine uğurlamış, arkadaşlarıma başarılar dilemiş, onlarla birlikte oteli terk etmiştim. Çok sonraları öğrendim ki, Fatih Hoca, otobüs otelden ayrılırken el sallayıp kendi aracıma ilerlemem üzerine, yanında oturan Milli Takım İdari Koordinatörü Serdar Güzelaydın'a dönüp "Tümer benim takımımda oynar. Çünkü bizimle birlikte yaşıyor. Burada kaldı, bizimle gelmedi ama bizimle beraber aslında" demiş. Benim İngiltere maçı kadrosunda olamamamdan dolayı duyduğum hayal kırıklığımı anlatan bir anımdır bu.

Fatih Hoca sakatlığım nedeniyle beni maç kadrosuna almayacağını söylemesine rağmen o gece otelde diğer arkadaşlarımla birlikte kalmak, ertesi sabah birlikte kahvaltı yapıp onları uğurlamam, o maçta hiç oynamasam bile kendimi o takımın içinde hissetmeme yetmişti. Şenol Güneş'ten tek beklentim de aslında, hem bir yıl önceki talihsiz olaydan sonra, hem de iki hafta önceki maç kampında benim için milli takımın önemini anlaması ve beni yedekte olsam bütün maç kulübede de otursam o kadroya, o heyecana, o takıma dahil etmesiydi.

Letonya'ya eleniyoruz

İngiltere maçı 0-0 bitti. Biz Avrupa Şampiyonası'na katılabilmek için Letonya'yla baraj maçı oynamak durumunda kaldık. Letonya maçı kadrosuna alındım. O maç benim milli takım maçlarım arasında ilk "en hayati" maçımdır. Çünkü Letonya'yı elersek

2004 Avrupa Şampiyonası'na katılabilecektik. Ve ben de büyük ihtimal o şampiyona kadrosunda yer alacaktım. İlk maç deplasmandaydı. 1-0 mağlup olduk. Ben hiç oynamadım. İkinci maç kısa bir süre sonra İnönü Stadı'nda oynandı. Avrupa Şampiyonası'na katılabilmemiz için 2-0 yenmemiz gerekiyordu. Maça ilk 11'de başladım. İlk yarıyı 1-0 önde kapattık. Her şey bizim lehimizeydi. Ben 60. dakikada oyundan çıktım, Gökdeniz Karadeniz girdi. Kısa süre sonra Hakan Şükür'ün golüyle 2-0 öne geçtik. Maçın bitimine yaklaşık 20 dakika vardı. Her şey tam istediğimiz gibiydi. Bütün sıkıntıların, bütün emeklerin karşılığını bulmasına dakikalar vardı sadece. Maç 2-2 bitti! Elendik!

Bu kadar yaklaştığımız, bu kadar her şeyin son dakikalara kadar lehimize olduğu bir maç nasıl oldu da döndü, bugün hâlâ düşündükçe açıklayamıyorum. Maç sonrası tribünlerin kötü tezahüratı ve tepkileri bir yanda, o dönemki federasyon başkanı Haluk Ulusoy ve Şenol Hoca'nın tarifsiz üzüntüleri diğer yanda soyunma odasına gittik. Hepimiz çok büyük üzüntü yaşadık. Ertesi gün basında aleyhimizde; artık milli takımın tasfiye olması gerektiği, gençlere yer açılması gerektiği şeklinde haberler çıktı. Biz çıkan haberlere ya da hakkımızda yazılanlara değil, emeklerimize ve giden iki yıla üzüldük. İster Dünya Kupası ister Avrupa Şampiyonası olsun; yaklaşık iki yılı bulan, katılma şansı yakalanan ve kaybedilen her şampiyona sonrası sil baştan aynı emek ve sürenin tekrar harcanması gereken turnuvalardır.

2006 Dünya Kupası

Şenol Hoca Letonya maçının ertesi günü istifa etti. Milli takımın başına Ersun Yanal getirildi. Basının da yazdığı gibi, Ersun Yanal hemen hemen bütün oyuncuları tasfiye edip, yeni oyuncularla bir milli takım kurdu. Tasfiye edilen isimlerden biri de bendim. 2006 Dünya Kupası Şampiyonası öncesi grup maçları Ersun Yanal'ın hocalığında devam etti. O sürede milli takım istenen performansı gösteremedi maalesef. Dünya Kupası'na katılabilmek için son şansımız, içinde bulunduğumuz gruptaki son üç maçımızdan en az yedi puan alarak en azından baraj maçı oynamaya hak kazanmaktı.

Son üç maç, Danimarka, Ukrayna ve Arnavutluk'la oynanacaktı. Bu son virajda milli takımın başına getirildi Fatih Terim.

Ukrayna grupta lider ve çıkmayı garantilemiş durumdaydı. Bizim önümüzdeki üç maç, ince bir ipin üstünde yürümek gibiydi.

Arnavutluk ve Ukrayna'yla deplasmanda oynayacaktık. Sadece ilk maçı oynayacağımız Danimarka maçı evimizdeydi. Danimarka maçına yaklaşık iki ay kala Fatih Terim göreve getirilmişti.

Bu arada aynı süre zarfında 2005-2006 lig sezonu başlamak üzereydi. Benim sezon öncesi kampında topuğumdan geçirdiğim bir sakatlık vardı. Bu nedenle ligler başladıktan bir iki hafta sonra yavaş yavaş oynamaya başlayabilecektim. Tedavim devam ediyordu. Fatih Terim milli takımın başına gelmesiyle birlikte Oğuz Çetin, Şifo Mehmet ve Metin Tekin yardımcıları oldular. Bir gün Metin Hoca beni arayıp sakatlığımın nasıl olduğunu sordu, bilgi verdim.

Fatih Terim, milli takımın başına geldiğinde yaptığı ilk açıklamada, "Ersun Yanal'ın kurduğu ve devam eden bir kadro var. Evet o kadrodaki bazı isimleri kullanacağım. Ancak önümüzde Dünya Şampiyonası'na gidebilmek için oynayacağımız çok önemli üç maç var. Bıçak sırtında yürüyoruz. En ufak bir kayıpta 2008 Avrupa Şampiyonası için sil baştan iki senelik bir yolculuğa çıkacağız. O zaman milli takımda yeni bir kadro, yeni bir oluşumla gerekli revizyonları yapabiliriz. Önümüzde o şampiyona için zamanımız var. Ya da üç maçı başarıyla atlatıp 2006 Dünya Kupası'na katılmaya hak kazanırsak yine önümüzde kadromuzu revize etmek için bir zamanımız olacak. Ancak bugün bu Sırat Köprüsü niteliğindeki üç maçlık periyotta, bildiğim, inandığım, güvendiğim oyuncularla ilerleyeceğim. Geçersek bu köprüyü bu şekilde geçeceğiz" dedi.

Fatih Terim milli takımın başına geldikten sonra Danimarka maçından 15 gün önce Bulgaristan'la bir hazırlık maçı oynandı. O günlerde benim de sakatlığım yavaş yavaş geçmiş, Beşiktaş'ta giderek artan sürelerle oynamaya başlamıştım.

Bulgaristan maçı kadrosu açıklandı; kadrodaydım. Benimle birlikte Ersun Yanal döneminde milli takımdan ayrı kalan Hakan Şükür, Alpay Özalan gibi isimler de milli takım kadrosundaydı. Diğer oyuncular Fatih Hoca'nın uzun yıllardır tanıdığı ya da birlikte çalıştığı isimlerdi. Benim o güne kadar Fatih Terim'le bir tanışıklığım olmamıştı. Kendisini yıllar önce Uludağ'da görmüş ve tokalaşmıştım sadece. Tabii ki Fatih Terim beni Beşiktaş'tan biliyordu, takip ediyordu. Ancak birlikte çalışmışlığımız ya da futbol dışında herhangi bir tanışıklığımız yoktu. Ama Fatih Terim'in yardımcılarından Metin Tekin Samsunspor'dan beni çok iyi tanıyordu. Ayrıca Fatih Hoca'yla uzun yıllar birlikte çalışmış ve UEFA kupasını kaldırmış Bülent Ünder de benim Samsunspor'da son yılımda hocamdı; o da beni çok yakından tanıyordu. Bu hiçbir zaman yüksek sesle dile getirilmese de, ben Fatih Hoca'yla milli takım kampında yaptığımız ilk konuşma sonrası, Fatih Hoca'nın Metin Hoca ve Bülten Hoca'dan benimle ilgili, yeteneğim ve futbolum dışında da geniş bir bilgi aldığını hissettim.

Bulgaristan maçı için kampa girmek üzere yine Polat Otel'de toplandık. İlk kampa katıldığım günkü heyecanım geri gelmişti. Otele giriş yaptığımda milli takım personeliyle hasret giderdikten sonra resepsiyondan oda anahtarımla birlikte üzerinde adım yazan milli takım çantamı alıp odaya çıktım. Bir daha giyemeyeceğimi düşündüğüm ay-yıldızlı eşofmanları özlemle tekrar üzerime giyerken rüyada gibiydim.

O sırada milli takım masörü Uğur Abi aradı. Kendisi halen Fatih Hoca'yla Galatasaray'da çalışır. Çok özel bir insandır. Kendine özgü bir hayat görüşü ve felsefesi olan, birlikte saatlerce sohbet ettiğimiz, futbol dışında da birçok şeyi konuşabildiğim biridir. Kamplarda bizi çok iyi motive eder, enerjisiyle milli takıma çok şey katardı.

Uğur Abi Fatih Terim'in beni lobide beklediğini söyledi. Hoca'yla ilk kez tanışacaktım. Lobiye indim ve bugün hayatıma yön veren insanla tanıştım. İlk konuşmada bana söylediği şeyleri, aradan zaman geçtikten sonra, Fatih Hoca'yla birlikte vakit geçirip onu yakından tanıdıktan sonra çok daha iyi anladım. Fatih Terim'in ağzından çıkan her sözün alt anlamını, gerçekten ne demek istediğini anlayabilmek için önce onu tanımak, nasıl düşündüğünü bilmek gerekir. O ilk konuşmada Fatih Hoca'nın bana anlattıklarını sonraları çok daha iyi anladım. Öngörüsü, söylediği hemen hemen her şeyin doğru çıkıyor olması, yıllar içinde ona olan saygınlığımı kat kat artırdı.

Lobiye indiğimde Fatih Hoca tek başına oturuyordu. Yanına gittim. Milli takımın durumunu anlattı. Planlarını anlattı. Üç maç için neler düşündüğünü anlattı. Basına yaptığı açıklamada ne demek istediğini anlattı. Neden şu anda karşısında olduğumu anlattı. Benden beklentilerini anlattı. Fatih Hoca'yı diğer herkesten ayıran en belirgin özellik, ne istediğini çok iyi biliyor ve bunu çok net bir şekilde ifade ediyor olmasıdır. Herkes ne istediğini bilebilir. Ancak Fatih Hoca bununla birlikte, istediği şeyin gerçekleşmesini sağlayacak yol arkadaşlarının hepsinden ayrı ayrı neler alabileceğini, onlardan neyi nasıl alabileceğini çok iyi analiz ediyordu. Detaylı bir şekilde bana durum analizi yaptıktan sonra, "Şu anda milli takım çatısı altındayız. Benim üzerimde milli takım eşofmanı, senin üzerinde de milli takım eşofmanı var. Ben bu çatının altında olduğum müddetçe Tümer Metin benimle birlikte olacak. Belki 5 dakika ya da 90 dakika oynatacağım seni. Belki tribünde oturacaksın ya da başka bir maçı izletmeye yollayacağım. Ya da sadece kampta bizimle olman için çağıracağım seni. Ama ben burada olduğum sürece sen de bizimle birlikte olacaksın" dedi. Hoca bunları söylerken beni kendi takımımdan ne kadar takip etmiş olsa da, ne benim saha içi performansımı ne de karakterimi biliyordu. Ama Fatih Terim'di o. Bir yandan beni motive etmek için söylese de bu sözleri, öngörüsüyle, Metin Hoca ve Bülent Hoca'dan hakkımda edindiği bilgilerle inanarak söylemişti.

Bana bu güveni veren, bana bu konuşmayı yapan bir hocaya ihanet etmek de zaten benim annemden emdiğim süte ihanet etmek olurdu.

Bulgaristan'la oynayacağımız hazırlık maçından bir gün önce sakatlığım tam geçmemiş olduğundan kadrodan çıkartıldım. O hazırlık maçını kötü bir oyunla 1-0 kaybettik.

15 gün sonra Danimarka maçı kadrosundaydım. Danimarka maçının benim için bir diğer önemi de Fatih Terim'le milli takımdaki ilk maçım olmasıydı. Maç İnönü'deydi. Çok önemli üç maçlık periyodun ilk maçı ve aynı zamanda içeride oynayacağımız tek maçtı. O maçtan üç gün sonra Ukrayna'yla Ukrayna'da, ondan kısa bir süre sonra da Arnavutluk'ta Arnavutluk'la oynayacaktık.

Maç öncesi Anadolu yakasında çok şık bir butik otel olan Bosphorus Otel'de kampa girdik. Fatih Hoca'nın teknik yönlerinin dışında bir diğer özelliği de, kaliteyi sevmesidir. Şuna inanırdı Fatih Hoca: "Eğer ben milli takımın başındaysam ve benim oyuncularım bu ülkenin en iyi oyuncularıysa; en iyi sahada çalışıp, en iyi otelde kamp yapıp, en iyi kıyafetleri giymelidirler. Ama bunun karşılığında ukalalık yapıp havaya girmemeliler". Hocanın kalite anlayışı çok farklıydı.

"İyi hoca" tanımı birçok hoca için yapılabilir. Ancak Fatih Terim iyi bir hoca olmanın dışında da birçok sıfata sahip biridir. İyi bir analist ve psikologdu. Alaylı olmasının, futbolun içinden gelmesinin bunda etkisi çok büyüktü kuşkusuz ama aynı zamanda zekâsıyla her şeyi önceden sezer, anlar ve hisseder. Her şeyden öte benim için dünyanın en iyi taktisyenidir. Maç öncesi analizleri, rakip takım analizleri, maç sırasında yaptığı müdahaleler... Ben Fatih Terim'le çok maç oynadım ve onun maçtan önce söylediği her şey her zaman tam da onun söylediği gibi olmuştur. Kaybettiğimiz maçlarda da... Rakip takımı çok iyi analiz ediyor; maç-

İçimizdeki kaybetme duygusunu atmıştık.

tan önce maçı yaşıyor ve bize çok iyi aktarıyordu.

Fatih Terim'in bize öğrettiği birinci felsefesi hep şuydu: "Biz önce yaptığımız işten zevk alacağız. Zevk alırsak başarılı oluruz ancak. İçimizden kaybetme duygusunu atmalıyız. Ben alıyorum bütün sorumluluğu. Kimse size bir şey söylemeyecek. Evet milli takımdasınız ama üzerinizdeki baskıyı atın. Sadece futbola ve ondan zevk almaya konsantre olun. Bu bir savaş değil, maç oynuyoruz."

"Sol bek de oynarım"

Üç maçlık periyodun, milli takımın dünya kupasına katılabilmesi açısından çok büyük öneminin dışında benim için de kişisel olarak çok ayrı bir önemi vardı. Hiç beklemediğim bir anda tekrar milli takım formasını giyme şansı verilmişti. Bu periyodu başarıyla geçersek, önümde dünya kupasında oynama şansı vardı. Üstelik Fatih Terim gibi idealist ve ne istediğini bilen bir hocayla tanışma ve çalışma fırsatı yakalamıştım. Heyecanımı ve motivasyonumu anlatmam imkânsızdı.

Danimarka maçı hazırlıkları sırasında Fatih Hoca çeşitli kombinasyonlarla bütün futbolcuları hem kendi yerlerinde hem farklı yerlerde denedi. Antrenmanda bile kimin oynayacağını, kimin nerede oynayacağını, hocanın kafasındakileri tahmin edemiyorduk. Ama hoca kafasındaki sistemlerde hepimizi deniyordu. Beni genelde kendi yerimde, forvet arkası oynatıyordu. Ben Samsun'dayken bir ara sol bek oynamıştım. Hatta Fatih Terim'in Galatasaray'ın başında olduğu dönemde Galatasaray'a karşı da sol bek oynamışlığım vardı.

Maçtan bir gece önce Oğuz Çetin arayıp Fatih Hoca'nın beni çağırdığını söyledi. Yanına gittim.

"Hazır mısın?" diye sordu bana.

"Hazırım Hocam" dedim.

"Neye hazırsın? Yarın öyle bir yerde başlayacaksın ki sen bile inanamayacaksın" dedi.

Ben hiç düşünmeden, "Sol bek oynarım hocam" dedim. Hoca yanındakilere, "Ben demedim mi?" dedi, sonra da bana dönüp, "Biliyorum orada da oynarsın ama şimdi değil" dedi.

Beni ertesi günü maçta ön libero olarak başlattı. Beni o bölgede hiç denememişti. Ama o gece ne istediğini, ne yapmamı istediğini tek tek anlattı.

Ertesi günü maçta ilk yarıyı 1-0 mağlup kapattık. Ben hocanın beni oynattığı yerde kötü oynamadım aslında ama Hoca'nın kafasındaki gibi bir oyun sergileyemedik. Hep dediğim gibi muhteşem taktisyen Fatih Terim oyunu çok iyi okuyarak iki değişiklik yaptı ikinci yarıda. Okan Buruk ve Hüseyin Cimşir'i aldı oyuna. Beni de kendi ideal yerime çekti.

İkinci yarıda ilk golü Okan Buruk attı. Durumu 1-1 yaptı.

Tünel sistemi

Milli takım kampında olduğumuz süre içerisinde mentör Acar Baltaş'la bir rehabilitasyon sürecinden geçtik. Takım halinde ve bire bir sayısız görüşmeler yaptı hepimizle. Kamp süresince 7/24 bizimle yaşadı. Hepimizin üzerinde çok olumlu etkileri oldu bu görüşmelerin.

Kendisiyle yaptığımız seminerlerde Acar Baltaş, kaybetme korkusunun başarı üzerindeki negatif etkileriyle ilgili yapılmış çalışmaları örneklerle anlattı bize. Kaybetme korkusuyla beynin, insan vücuduna hükmettiğini ve insanların ezbere yaptıkları hareketleri bile yapmalarına engel olduğunu, bir şekilde bu korkunun insan vücudunu kilitlediğini bize örneklerle anlattı. Kaybetme korkusunu üzerimizden atmamız ve konsantre olabilmemiz için de bize bir yöntem öğretti: Tünel sistemi. Baskı ortamını ortadan kaldıracak bir sistem. Baskı altındayken birkaç saniyeliğine gözlerimizi kapatıp, stat yerine o an evimizin bahçesinde ya da en rahat ettiğimiz yerde olduğumuzu düşünmemizi istedi. Aralarında David Beckham'ın da bulunduğu, dünyada birçok sporcunun uyguladığı bu yöntemi video örneklerle çok kez anlattı. Takım halinde yaptığımız çalışmalarla ve bire bir görüşmelerle de iyice kavramıştım bu yöntemi.

Maç Okan Buruk'un golüyle 1-1'e geldiğinde benim aklıma tünel sistemi geldi. Bir frikik kazanmam gerekiyordu. Bir şekilde faul yaptırıp frikik atışı kazandım ve topun başına geçtim. Dakika 86... Gözlerimi kapatıp üç kez derin nefes aldım. Gözlerim kapalıyken topun barajın üzerinden geçip gol olduğunu gördüm. Açtım gözlerimi, topa vurdum ve gol oldu. Gol sonrası ellerimi gözlerimin yanına götürüp tünel işaretiyle Acar Baltaş'a doğru koştum. Ertesi gün gazeteler benim sevincimi, "Beni bu zamana kadar niye görmediniz?" anlamında yapılmış bir hareket olarak yorumladı. Aslında benim anlatmak istediğim şey çok başkaydı.

Golden sonra inanılmaz sevindim ve bir dakika sonra, dakika 87'de, kenarda duran Fatih Hoca'ya işaretle çok yorulduğumu söyledim. Hoca devam işareti yaptı. Ben ısrarla çok yorulduğumu belirtince beni çıkarttı. Oyundan çıktığımda maçın bitimine birkaç dakika vardı. Ben çıktım, uzatmalarda bir gol yedik ve maç 2-2 bitti.

Otele döndüğümüzde Fatih Hoca, "İlk defa bir oyuncu bizim yerimize karar veriyor' dedi.

"Anlamadım hocam" dedim.

"Biz biliriz kimi ne zaman değiştireceğimizi" dedi.

"Hocam çok yorulmuştum. Yanlış anlamayın, takımı eksik bırakmamak adına, diri bir arkadaşımız girer, skoru korur diye düşündüm. O yüzden söyledim" dedim.

"Müsaade et ona biz karar verelim" dedi.

"Özür dilerim hocam" dedim. Konu kapandı.

"Ben ona güveniyorum, sonuç ortada"

Danimarka'yla kendi evimizde son dakika golüyle berabere kalmamız morallerimizi biraz bozmuştu ama henüz kaybedil-

Arnavutluk'la 2006 Dünya Kupası Elemeleri grup maçı.

miş bir şey yoktu. Ukrayna ve Arnavutluk maçlarını kazandığımız takdirde baraj maçı oynayacaktık.

Üç gün sonra Ukrayna'yla deplasmanda karşılaştık. Ukrayna'ya Danimarka maçının ikinci yarısına başladığımız kadroyla çıktık. Çok kötü bir ilk yarı oynadık. 0-0 girdik soyunma odasına. Sonradan öğrendim ki devre arasında maç yayını yapan televizyon kanalındaki yorumlarda, "Fatih Terim'in çok güvendiği Tümer bugün sahada yok. Hocanın onu değiştirmesi lazım" şeklinde yorumlar yapılmış.

Hoca beni değiştirmedi. İkinci yarıda attığım golle maçı 1-0 kazandık. Maç sonrası aynı kişiler, Fatih Hoca'ya "Tümer bugün kötü oynamasına rağmen çıkartmadınız ve gol attı"diye bir yorum yapmışlar Hoca da, "Ben ona güveniyorum. Sonuç ortada" diye cevaplamış.

Maç sonrası havaalanı, bizi yalnız bırakmayan taraftar ve basınla doluydu. Terim'le göz göze geldik. Yaptığı bir kafa işaretiyle onu takip ettim. Sakin bir yerde durdu, bana "Memnun musun?" diye sordu. "Teşekkür ederim bana bu şansı verdiğiniz için, sayenizde çok mutluyum" dedim.

"Biz şansı verdik, sen gereğini yaptın, hak ettin. Hiç bozmadan devam" dedi.

Hocanın bana tanıdığı şansa pozitif ayrımcılık diyebilir insanlar. Ama bana göre aramızdaki karşılıklı inanç ve güvendi. Ben ondan sadece futbola dair değil hayata dair bir sürü şey öğrendim. Şu an 38 yaşımdayım, hâlâ Fatih Hoca ile her konuşmamda ondan yeni bir şeyler öğreniyorum.

Ukrayna ve Danimarka maçlarından toplam dört puan aldıktan sonra önümüzde sadece Arnavutluk maçı ve baraj maçı oynayabilmemiz için almamız gereken bir üç puan vardı. Arnavutluk'la Ukrayna maçından kısa bir süre sonra oynadık. Maç öncesi Arnavutluk'ta kaldığımız otelin odasından ertesi günü maçı oynayacağımız statı görüyordum. Bütün gece sahaya bakıp ertesi günü galibiyet sonrası yaşayacağımız sevincin hayalini kurdum. Ertesi günü, o maçı da benim golümle 1-0 kazanıp, İsviçre'yle baraj maçı oynamaya hak kazandık.

Benim çok büyük hayalimdi 2006 Dünya Kupası Şampiyonası'na gitmek! 2004 Avrupa Şampiyonası kaçmış, Ersun Yanal'dan sonra kapanan milli takım kapısı tekrar açılmıştı. Bu benim futbol kariyerimdeki son şansımdı. Acar Baltaş'la yaptığımız sohbetlerde o da görüyor ve biliyordu ne kadar istediğimi, ne kadar motive olduğumu... Bir gün, bir sohbetimiz sırasında "If a person dedicates himself for a cause God will take an action!" (Kişi kendini bir şeye adarsa Allah harekete geçer) dedim. Çok inanıyordum bu söze!

Ve inanıyorum ki; Danimarka'ya attığım golde o top bir yardımla oraya gitti. Arnavutluk'ta sağ ayakla attığım gol çok da iyi bir gol değildi ama o top oraya yine bir yardımla gitti. Aynı şekilde Ukrayna maçında da görünmez bir elin bana yardımcı olduğunu hissettim.

Üç maçın bitiminde de o sözü koluma dövme yaptırdım.

Acar Baltaş'la takım halinde yaptığımız seminerin birinde bize iki hikâye anlatacağını ve kendimizi hikayedeki başkarakterin yerine koymamızı söyledi. İki hikâyede de kötü bir durumda olan bir karakter vardı. Hikâyenin bir yerinde durup, karakterin, yani bizim o kötü durumda, o an ne düşündüğümüzü sordu. Herkes bir şeyler söyledi; kimi isyan etti, kimi espriyle karşılık verdi. Ben kadere inanan biri olarak cevap verdim. Kendi hayata bakışımla paralel olarak yine de o bulunduğum durumlara şükredeceğimi söyledim.

Bunun üzerine Acar Baltaş, bize hayatta her tür kötü durumla karşı karşıya kalabileceğimizi, her şeyin tepe taklak olabileceğini ama kendimize her durumda sormamız gereken bir soru olduğunu söyledi: "Hâlâ iyi olan ne var?"

Acar Baltaş'ın anlattıklarından çok etkilendim. Hatta dayanamayıp, "In the life everything is possible but what you have still have good" (Yaşamda her şey olabilir ama hâlâ iyi şeylere sahipsin) dövmesi yaptırdım.

Hülya Coşkun

Milli takımın başına Fatih Hoca'nın gelmesiyle, üst üste oynadığımız başarılı maçlar ve benim grafiğime rağmen, Beşiktaş'ta aynı dönemde işler iyi gitmiyordu. Takım olarak kötü bir dönemdeydik, dolayısıyla takımla doğru orantılı olarak benim kişisel performansım da kötüydü. Sonuçta futbol bir takım oyunu ve takımın geneli kötü olunca bireysel olarak bir kişinin iyi olması yeterli olmuyordu. Ama aynı zaman diliminde, milli takımda 1-0 Tümer Metin golleriyle başarının gelmesi ve dönüşünde ligde oynanan kötü oyun ve kaybedilen puanlar, taraftarın bana çok sert tepki göstermesine neden oldu. Maçlarda "Tümer milli takıma" tezahüratı ve Rıza Çalımbay'ın o dönem beni taraftara hedef göstermesi üzerine, o süreci yönetebilmek için profesyonel bir iletişim uzmanından destek alma ihtiyacı hissettim. Bir arkadaşımın önerisiyle, çok iyi bir iletişimci olan ve daha önceleri Ersun Yanal ve Yıldırım Demirören'le de birlikte çalışmış Hülya Coşkun'u aradım. O dönemde bana hızlı ve pratik önerilerde bulunarak çok yardımcı oldu. Fenerbahçe transferimden sonra da kendisinden "medya ilişkileri danışmanlığı" aldım. Hem milli takım sürecimi hem de transfer sürecimi yönetmeme çok yardımcı oldu. Genç futbolcu arkadaşlarıma da, özellikle büyük takımlarda oynayan ve medyanın hedefinde olanlara, herhangi bir kriz yaşamamış olsalar bile mutlaka profesyonel bir destek, iletişim ve medya ilişkileri danışmanlığı almalarını öneririm. Hatta umarım bir gün kulüpler "iletişim danışmanlığı" hizmetini altyapılardan başlayarak kendileri vermeye başlarlar.

İsviçre'yle baraj maçı

2006 Dünya Kupası'na katılabilmemiz için artık önümüzdeki tek engel İsviçre maçıydı. Üst üste çok zorlu üç maçta yedi puan alıp, İsviçre'yle baraj maçı oynayabilme şansını elde etmek bile bizim için mucizeydi. Ve biz bunu gerçekleştirmiştik. İsviçre maçına çok daha iyi bir motivasyonla hazırlandık. İlk maçta deplasmanda 2-0 yenildik. Özellikle yediğimiz ikinci gol Fatih Hoca'yı çok kızdırmıştı. İsviçre'yi eleyebilmemiz için, Türkiye'de 3-0 kazanmamız gerekiyordu artık. Maç sırasında İsviçreli bir futbolcu Fatih Hoca'ya topu fırlatıyor gibi yapmış; devre arasında soyunma odasına giderken hem oyuncular hem güvenlik görevlileri bizi tartaklamaya çalışmışlardı. Her anlamda kötü bir maçtı ve 2-0 bitti.

Bütün bu olayların üzerine, ikinci maç bizim için dünya kupasına katılma şansı dışında çok daha fazla bir önem ve anlam kazandı. Üç gün sonra evimizde oynayacağımız ikinci maç öncesi otelde kamp sırasında televizyonda yapılan yorumları izledik. Genel görüş ilk maçtaki 2-0 mağlubiyetle her şeyin bittiği ve şansımızın olmadığı, İsviçre'yi üç farkla yenemeyeceğimiz yönündeydi. Bu yorumları da izlemiş olmanın verdiği bir negatiflikle maça çıktık. Hepimiz çok gergindik.

Maçı 4-2 kazandık. Bir gol daha atabilseydik İsviçre'yi eleyecektik. Olmadı! 88. dakikada kazandığımız frikikte gönüllü olarak topun başına geçtim. Danimarka maçındaki gibi Acar Baltaş'ın öğrettiği tünel sistemini uyguladım. Gözümü kapattım, hayalimde golü attım. Gözümü açtığımda, topa vurmadan önce bir saniyeliğine Hakan Şükür'ü gördüm ve bir anlığına topu Hakan'a atmayı düşünüp sonra vazgeçtim. Frikiği attım. Beş kişilik barajda kimse sıçramadı, sadece sahanın en uzun adamı sıçradı ve top ona çarptı. Çok üzüldüğüm bir sahne oldu benim için. Hayatımda keşke geri alabilsem dediğim anlardan biridir. Geri alabilsem o anı, topu direk kaleye göndermez; Hakan'a atardım.

Böylece 2004 Avrupa Şampiyonası'na gitme şansını baraj maçıyla kaçırdıktan sonra, 2006 Dünya Kupası Şampiyonası şansı da baraj maçıyla son buldu.

6

Fenerbahçe transferi

Çevrende herkes şaşırsa bunu da
senden bilse
Sen aklı başında kalabilirsen eğer
Herkes senden kuşku duyarken
hem kuşkuya yer bırakır
Hem kendine güvenebilirsen
eğer...

R. Kipling

Tayfur Abi, "Benim adım Tayfur Havutçu ise, senelerdir bu ülkede futbol oynuyor ve bu işten birazcık anlıyorsam, Aziz Yıldırım seni Fenerbahçe'ye alacak" dediğinde sadece gülüp geçtim. Soyunma odasındaydık. Mutlulukların en büyüğünü yaşıyordum. İki gol, bir asistle maça imzamı atmış; futbol hayatımın ikinci kupasını kaldırmıştım dakikalar önce.

Çocukluk hayalim olan çubuklu formayı giydiğim andan itibaren yeni hayalim o formayla şampiyonluk kupası kaldırmaktı sadece. Bu hayali, üstelik de Beşiktaş'ın 100. yılında gerçekleştirmiştim. Ardından geçen, inişli çıkışlı ve kupasız iki sezon sonunda, 2005-06 sezonunu Türkiye Kupası'yla bitirmiştik. Bu kupanın da, 100. yıl şampiyonluk kupası gibi hem Beşiktaş hem de benim tarihimde farklı bir yeri olacağını, o kupayı kaldırdığım an biliyordum. "Fenerbahçe'yle oynanan muhteşem final ve Tümer Metin imzasıyla gelen kupa" olarak, o gün o maçı izleyen herkesin, her zaman hatırlayacağı bir maç ve kupa olacaktı. Saha içinde takım arkadaşlarım, yöneticiler ve taraftarlarla yaşadığımız sevinçten sonra soyunma odasında aynı heyecan ve sevinci yaşamaya devam ederken, Tayfur Abi'nin söylediği söze sadece güldüm.

32 yaşındaydım. Beş yıldır çocukluk hayalim olan takımın formasını giyiyordum. Arada iniş çıkışlarım olsa da istikrarlı bir grafiğim vardı. Hocamız Tigana'yla iyi anlaşıyordum. Tigana'nın da

Başkan Yıldırım Demirören'in de beni bir sonraki sezon da takımda istediğini biliyordum. Yıl içerisinde bireysel olarak çok iyi performans sergilemiştim. Fiziksel olarak en formda olduğum dönemdeydim. Takımın ligdeki kötü tablosuna karşın Tümer Metin imzasıyla kulübün müzesine bir kupa getirmiştim. Askerlik sorunum dışında hiçbir sorun yoktu ortada.

O an itibariyle benim Beşiktaş'tan tek ayrılma nedenim, futbol oynamaya devam edebilmek için yurtdışına gitmek olabilirdi ancak. Verdiğim röportajlarda da, bu sorunumu dile getirmiş, bu nedenle, bir noktada, futbol hayatıma yurtdışında devam etmek durumunda olduğumu söylemiştim. Gerçi Başkan Yıldırım Demirören, sezon içerisinde de, kupa finalinden sonra kupadaki performansımdan dolayı beni tebrik etmiş, evinde yaptığımız görüşmede de hem askerlik sorunumu halledeceğini hem de beni bir sonraki sene de takımda görmek istediğini söylemişti. Mutlu olmuştum. Değer verdiğim ve değer gördüğüm, üstelik çocukluk hayalim olan takımın formasını giyiyordum. Askerlik sorunumun hallolup olmaması önceliğim değildi. Bir yıl daha Beşiktaş'ta oynayıp, sonra yurtdışına gidebilirdim.

"Şaka yapıyorsunuz herhalde"

Kupa finalinden birkaç gün sonra, ligin bitimine bir hafta kala, Erdil Arpacı'yla iç transfer görüşmesi yaptık. Beş yıllık emek, beni isteyen bir hoca, günler önce müzeye konan bir kupanın verdiği özgüvenle formalite olarak düşündüğüm ve girdiğim görüşmede, Erdil Arpacı yarım ağızla, bir önceki sezonun yarısı bir ücret teklif etti. İnanamadım; "Şaka yapıyorsunuz herhalde?" dedim.

"Çok emeğin geçti biliyoruz ama biz bir artırım yapamıyoruz bu yıl. Kulübün mali ve idari yapısı gereği, sen de fedakârlık yapıp geçen yılla aynı paraya oyna." En azından içten bir şekilde böyle bir teklifte bulunsa inanırdım belki. Kulübüm beni gerçekten istiyor ama maddi sıkıntı yüzünden ücretimi artıramıyor, diye düşünürdüm. Ama diğer taraftan kulüp iç ve dış transferlere başlamış ve ciddi paralar harcıyordu, biliyordum. Bana bir önceki yıl aldığım paranın yarısının teklif edilmesi, para bir yana, bunun bana söyleniş şekli aslında istenmediğimin bir işaretiydi. Gidişimin kulübe değil de bana bağlı olması, Beşiktaş'ı bırakmayı benim tercihimmiş gibi gösterebilmeleri için de taktiksel bir teklifte bulunuyorlardı. Çok belliydi. Çok hissediliyordu.

Ajax'tan teklif

Aynı günlerde bir yandan menajerim Ajax kulübüyle görüşüyordu. Türkiye'de en fazla bir yıl daha futbol oynayabilecektim. Ya da en geç bir sonraki yıl futbol hayatıma devam edebilmek için yurtdışına çıkmam gerekiyordu. Ajax'tan iyi bir resmi teklif gelmişti. Ama yurtdışına sadece Türkiye'de yasa gereği daha uzun süre futbol oynayamayacağım için gitmek istiyordum. O yüzden Ajax'ın teklifini oyalıyor, Beşiktaş'la anlaşamazsam tek seçenek oraya gitmeyi planlıyordum. Beşiktaş'ta bir yıl daha oynayıp, 33 yaşımda yasal zorunluluk nedeniyle yurtdışında illa bir kulüp bulur; futbol oynamak istediğim sürece oynamaya devam eder; sonra Türkiye'ye dönüp askere gidebilirdim.

Erdil Arpacı'yla yaptığımız görüşme sonunda 10 gün sonra tekrar görüşmek üzere sözleştik. Daha doğrusu ben, duyduğum tekliften sonra, "İsterseniz lig bitiminde tekrar görüşelim" diye kulübüme konuyu tekrar değerlendirmesi için fırsat verip 10 gün sonrası için tekrar randevulaştım. Ardından oynadığımız Trabzon maçıyla lig bitti ve eşimle dört günlüğüne Milano'ya tatile gittik. İçim içimi yiyordu. Bir şeyler olması gerektiği gibi değildi. Ne hocayla ne başkanla ne takım arkadaşlarımla bir sıkıntım vardı. Sezon bitmeden kupa finalinden hemen sonra imzalanması gerekiyordu sözleşmemin. Ama kulüpten hiç kimse o imzayı atmam için ne acele etmiş ne de bir istek göstermişti.

Dört günlük Milano tatili sonrası, dönüş uçağında gazeteyi açtığımda, spor sayfasında üzerimde Fenerbahçe formalı bir resmimle transfer haberimi okuduğumda anlam veremedim önce. Evet, Cansu'yla Milano'da gezerken Fenerbahçeli bir işadamıyla karşılaşmış, ayaküstü konuşmuştuk. Yanında Başkan Aziz Yıldırım da vardı. Hiç tanışıklığım olmayan başkana uzaktan selam verip devam etmiştik yolumuza. Uçakta benim bile haberim olmadan gerçekleşmiş olan transfer haberimi okuduğumda inanamadım doğal olarak. Aynı şokla, hemen yan sayfada Beşiktaş'ın Nobre transferini okuduğumda bütün tatil boyunca hissettiğim huzursuzluğun nedenini anladım. Beşiktaş beni istemiyordu ve aslında sözleştiğimiz ikinci görüşme formaliteydi. Nobre çok iyi bir oyuncu ve güzel bir transferdi takım için. Sorun, imza töreninde Nobre'nin elinde tuttuğu 11 numaralı formaydı. Benim formamı bana sormadan Nobre'ye vermişlerdi.

Tatilde de, İstanbul'a geldikten sonra da hiçbir Beşiktaşlı yönetici haberler üzerine ve benim sözleşmemle ilgili, neler oluyor diye arayıp sormadı. Ben yine de bir ümitle sözleştiğimiz ikinci görüşmeyi bekliyordum.

"Fenerbahçe'de oynar mısın?"

İstanbul'a döndüğümüzün ertesi günü Milano'da karşılaştığım işadamı arayarak benimle görüşmek istediğini söylediğinde şaşırmadım. Kendisini sosyal hayattan tanıyordum. Buluştuğumuzda bana Fenerbahçe'de oynamak isteyip istemediğimi sorduğu anda gerçekten şaşırdım. Bildiğim kadarıyla kendisinin Fenerbahçe'yle taraftarlık ilişkisi dışında bir ilişkisi yoktu. Aziz Başkan'la da sadece arkadaşlığı vardı. Kendisine her şeyden önce Beşiktaşlı olduğumu belirterek, yine de eğer Fenerbahçe Kulübü'nün bana bir teklifi olacaksa da, prosedür olarak bunu benimle değil menajerimle konuşmaları gerektiğini söyleyip görüşmeden ayrıldım.

Fenerbahçe Kulübü aynı gün menajerim Tarık Üstün'ü aramış ve bir görüşme talebinde bulunmuş. Tarık Üstün, Ankara'dan İstanbul'a görüşmeye geldi. Aynı saatlerde ben arkadaşlarımla halı saha maçındaydım. Her şey benim dışımdaydı. Ertesi gün Beşiktaş kulübüyle, bir görüşmem vardı. Bu arada teklifler gelebilir, menajerim de görüşebilirdi. Beni ilgilendiren tek görüşme kendi kulübümle olan görüşmemdi.

Halı saha maçından sonra arkadaşlarımla bir kafeye oturduk. O sırada hâlâ görüşmede olan menajerim beni arayarak, Fenerbahçe'nin benden bir rakam beklediğini söyledi. Bir rakam söylemedim. O dönem takımda en yüksek ücreti alan oyunculardan biri olduğunu bildiğim Anelka'yı ölçü alıp, "Anelka ne alıyorsa ben de onu isterim" dedim. Biliyordum ki ne Fenerbahçe o ücreti verecekti bana ne de ben o ücreti verseler de Fenerbahçe'de oynayacaktım. Fenerbahçe'nin ne kadar ücret istediğimi sorması ve benimle ilgilenmesi gururumu okşamıştı sadece. Saat gece yarısını geçiyordu. Menajerim arayıp, başkanın istediğim ücreti ve tüm şartlarımı kabul ettiğini, beni görmek istediğini söylediğinde inanamadım.

Gecenin bir yarısı, üzerimde beyaz Converse, yırtık pırtık bir kot ve beyaz gömlekle gittim başkanın evine. Gördüğüm en güzel manzaralı evlerden biriydi. *Alice Harikalar Diyarı*'ndaki gibi bir bahçesi vardı. Aziz Yıldırım dışında, üç dört yönetici ve menajerim Tarık Üstün oradaydı. Masanın üzerinde istediğim gibi hazırlanmış sözleşme imzamı bekliyordu. Başkanla transferle ilgili tek bir kelime konuşmadan bir saat sohbet ettik. Bir saatlik sohbetin sonunda, konu transfere geldi.

Aziz Yıldırım: "Gitme, kandırırlar seni"

Başkana, "Sözleşmesi bitmiş bir oyuncu olarak, menajerimle bir görüşme yaptınız. İstediğim bütün şartları da kabul ettiniz, çok teşekkür ederim. Beni görmek istediğiniz için ve sizi kıramayacağımdan, gecenin bu saatinde buraya geldim. Sizinle tanıştım. Yalnız sizden bir ricam var. Benim yarın sabah, hatta saatler sonra kendi kulübümle ikinci görüşmem var. Ben öncelikle o görüşmeye gideceğim" dedim.

Başkan, "Gitme kandırırlar seni. Sen o görüşmeye girersen çıkmazsın. Bir şekilde anlaşır, imza attırırlar sana" dedi.

"Başkanım beni tanımıyorsunuz. Ben size olan saygımdan nasıl buraya geldiysem, o görüşmeye de gideceğim. Eğer, kendi kulübümle anlaşamazsam, size söz veriyorum, sonrasında sizinle tekrar görüşeceğim" diye cevap verdim.

"Peki, doğru düşünüyorsun. Ama benim görüşüm gitmemen yönünde. İlla bir yol bulup anlaşacaklardır seninle. Seni bırakmayacaklardır" dedi Aziz Başkan.

Bırakmayacaklardı beni. Ben de, Aziz Başkan gibi buna inanıyordum. Erdil Arpacı, Başkan Yıldırım Demirören'le görüşecek ve teklifin çok az olduğunu söyleyecek, bir uzlaşma noktası bulacaktı. Hatta ben, Fenerbahçe Başkanı'yla görüştüğüm için özür bile dilemek zorunda kalacaktım kulübümden.

Aziz Yıldırım'ın evinden çıkıp evime gidip yattım. Beşiktaş'la ikinci görüşmemize saatler vardı. Eve gittiğimde eşime bile bu görüşmeden bahsetmedim. Menajerim dışında hiç kimsenin haberi yoktu Aziz Başkan'ın evine gittiğimden. Uyurken aklımdan geçen ve dilediğim en son şey "Bana verdikleri değer ve sevginin bir işareti olarak, en azından geçen yıl aldığım parayı versin Beşiktaş ve ben kulübümde kalayım" oldu.

Murat Aksu: "Kim alır seni?"

"Gel bakalım Fenerbahçeli Tümer" dedi Murat Aksu, ertesi sabah kapıyı çalıp içeri girdiğimde.

Odada Erdil Arpacı'yla birlikte karşıladılar beni. Orta sehpada, günler önce photoshopla üzerime Fenerbahçe forması giydirilmiş ve Fenerbahçe'yle anlaştığım yönünde yalan haberler olan gazeteler duruyordu. Murat Aksu'nun "Fenerbahçeli Tümer" lafı üzerine, "Ben Beşiktaşlılığımı kimseyle tartışmam" dedim.

"İmzayı atmışsın, hayırlı olsun" dedi.

"Fenerbahçeli Tümer olsam şu an bu görüşmeye gelmezdim. Gerçi benim formamı Nobre'ye verdiğinize göre galiba siz beni düşünmüyorsunuz seneye takımda..." dedim.

"Evet, biz seni düşünmüyoruz" dedi.

Ben daha Milano'da tatildeyken ve Fenerbahçe'yle hiçbir görüşmem olmamışken hakkımda çıkan gazete haberlerine istinaden, "Fenerbahçe kulübü ile görüşen oyuncuyu düşünmüyoruz" dedi.

Oysa ki bilmediği, anlamadığı ve anlayamayacağı bir şey vardı: Neredeyse haftalardır lig bitmiş; sözleşmem bitmiş; bana bir önceki yılın yarısı ücret teklif edilmiş; benim formam benden habersiz ve izinsiz yeni transfere verilmişti. Hakkımda çıkan asılsız haberlere ilişkin bile, kulübüm, ne oluyor nedir bu haberler diye beni arayıp sormamıştı. Buna karşılık ben, bana gelen teklifler olmasına rağmen, teklifleri dinlemiş, öncelik kulübüm diyerek, o görüşmeyi dört gözle beklemiştim. Zaten kim ne teklif ederse etsin, Beşiktaş dışında benim ikinci tercihim yurtdışıydı. Beşiktaş'ta bir sezon daha oynamak istiyordum. Ama olmazsa, zaten futbol oynayabilmek için gitmem gereken yurtdışına bir yıl erken gidecektim.

Murat Aksu'nun son sözü üzerine, tekliflerinin ne olduğunu sorduğumda, herhangi bir tekliflerinin olmadığını ama olsa da geçen görüşmede teklif edilen, bir önceki yılın yarısı olan ücreti teklif edeceklerini söyledi. Sonra da, "Beşiktaş'ın kaptanı Fenerbahçe'yle görüşmüşse bu kapılar kapanmıştır. Biz görüşmek istemiyoruz" dedi.

"Ben Beşiktaş kaptanı mıyım?" diye sordum.

Evet hiyerarşik olarak kaptan çıktığım maçlar olmuştu. Tayfur, Sergen, İbrahim Üzülmez oynamamış; o zaman ben sahaya kaptan olarak çıkmıştım. Ama bunun dışında, birinci veya ikinci kaptan değildim ki ben.

"Benimle anlaşmayacağınız ve anlaşmak istemediğiniz çok belliydi. Benim formamı bile vermişsiniz" dedim.

"Sana 10 numarayı verecektik" dedi. Güldüm.

"Nobre'ye 10 numarayı verseydiniz. Benim kaç yıldır giydiğim formayı bana sormadan Nobre'ye verirken, beni arayıp, 'Tümer Nobre 11 numarayı istiyor, sana da 10 numarayı vereceğiz. Senin için uygun mu?' diye sordunuz mu? Ayrıca 10 numarayı Sergen giyiyor ve onunla henüz görüşmediniz. Nasıl bana 10 numarayı verirsiniz?" dedim.

"Seneye Sergen'le çalışmayacağız" dedi, ki henüz Sergen'in bundan haberi yoktu.

"Seneye Sergen yok, ben yokum. Ne güzel..." dedim.

Görüşme o an bitmişti aslında. İs-ten-mi-yor-dum... Her şey bu kadar basitti. Onun dışında konuşulan her şey teferruattı sadece. Görüşmeyi bitirirken Murat Aksu, "Başkanın evine gitmişsin" dedi. Biten bir görüşmenin ve kapanan kapıların ardından, bir gece önce başkanla görüşmüş olsam bile başkana söylediğim şeyleri, karşımda beni anlamayacak insanlara anlatmaya çalışmak bile istemedim. Anlatsam da anlamaz, anlayamazlardı beni.

"Hayır görüşmedim" dedim. "Var mı bana söyleyeceğiniz başka bir şey?"

"Yok, Allah yolunu açık etsin" dedi.

Bunun üzerine, "Böyle olmaz! Madem bu bir veda, ben beş yıl hizmet ettim bu kulübe. Benim tarafımdan hakkım helal olsun. Siz de hakkınızı helal ederseniz sevinirim. İş hayatıdır bu, her şey olabilir" dedim.

Erdil Arpacı hakkını helal etti. Murat Aksu bir şey demedi. Tokalaştık. O an o saliseler içerisinde ilk kez Beşiktaş'tan ayrıldığımı hissetmeye başladım. Evet, Beşiktaş defteri kapanmıştı. Ajax'a gidiyordum. Bundan sonra oynayabildiğim kadar yurtdışında oynayacak ve bırakacaktım futbolu. Saniyeler içerisinde beynimden binlerce düşünce geçiyordu. Hiçbirisinin önemi yoktu aslında. Çocukluk hayalim, uğruna yıllarca emek verdiğim hayalim olan ve kendi çabalarımla, yıllar süren emeklerim sonunda geldiğim Beşiktaş'tan, kendi iradem dışında ayrılmak zorunda kalmıştım.

Tam kapıdan çıkarken Murat Aksu, "Nereye gideceksin ki? Kim alır seni?" dedi.

Kim alır beni!

Benim için, artık o andan sonra gittiğim takımın adının, renklerinin, kim olduğunun önemi yoktu. Beşiktaş'tan ayrılmıştım. Ötesi yoktu; olsa da önemli değildi artık. Ama bir şey vardı. Ben ne kötü bir oyuncuydum ne kötü bir sezon geçirmiştim ne de hak ettiğimden fazla bir şey istiyordum. Sevdalı olduğum Beşiktaş'ta oynuyordum; tek beklediğim sevgimin ve bağlılığımın karşılıklı olmasıydı. O an saniyeler içinde, hızla tek bir şey geçti kafamdan:

"İzle televizyondan bir saat sonra nereye gittiğimi" dedim ve çıktım.

Başkan Aziz Yıldırım'ı aradım. "Başkanım, sözleşmeyi hazırlayın, imzaya geliyorum" dedim. Bir saat sonra kendimi üzerimde sarı-lacivert formayla imzayı atarken buldum.

Duvardaki Kipling şiiri

Bir yatak, bir çalışma masası ve müzik setinden ibaret küçük bir odam vardı Zonguldak'ta... Duvarlarım Madonna ve Metin Tekin posteri dışında, el yazımla yazdığım şarkı sözleri ve yazılarla kaplıydı. Henüz Zonguldak'tan hiç çıkmamış, altyapıda oynayan bir futbolcu adayı olarak, genç-ergen aklıyla dinleyip ya da okuyup, çok sevdiğim ve el yazısıyla yazıp duvarıma astığım bütün yazı ve şiirler benden çok öndeydi. Sanki içimde bir yerlerde, yıllar sonrasını önceden gören, hisseden bir sistem vardı bana o yazı ve şiirleri yazdıran... Sanırım lise sondaydım. Rudyard Kipling'in "Adam Olmak" adlı şiirini yazıp, duvarıma yapıştırmıştım.

Çevrende herkes şaşırsa bunu da senden bilse
Sen aklı başında kalabilirsen eğer
Herkes senden kuşku duyarken hem kuşkuya yer bırakır
Hem kendine güvenebilirsen eğer
Bekleyebilirsen usanmadan
Yalanla karşılık vermezsen yalana
Kendini evliya sanmadan
Kin tutmayabilirsen kin tutana
Düşlere kapılmadan düş kurabilir
Yolunu saptırmadan düşünebilirsen eğer
Ne kazandım diye sevinir
Ne yıkıldım diye yerinir
İkisini de vermeyebilirsen değer
Aptallara tuzak kurmak isteyen düzenbazın
Söylediğin gerçeği eğip bükmesine dayanabilirsen
Ömür verdiğin işler bozulsa da yılmaz
Yeniden işe koyulabilirsen
Döküp ortaya varını yoğunu
Bir yazı turada yitirsen bile
Yitirdiklerini dolamaksızın dile
Baştan tutabilirsen yolunu
Yüreğine, sinirine "dayan" diyecek
Direncinden başka şeyin kalmasa da
Herkesin bırakıp gittiği noktada

Sen dayanabilirsen tek başına
Herkesle düşüp kalkıp yine de erdemli kalabilirsen
Unutmayabilirsen halkı krallarla gezerken
Dost da düşman da incitemezse seni
Ne küçümser ne de büyütürsen çevreni
Her saatin her dakikasına
Emeğini katarsan hakçasına
Her şeyiyle dünya önüne serilir
Üstelik oğlum adam oldun demektir.

Asmıştım odamın duvarına yıllar yıllar önce. Sanki görmüş, hissetmiştim hayatın bana yaşatacaklarını...

7

Fenerbahçe

Gelsin hayat bildiği gibi gelsin,
İşimiz bu yaşamak...
Sezen Aksu

Aziz Yıldırım'ın evinden çıktığım gece, başkan yanında bulunanlara, "Kuş uçtu, gelmez bir daha! Beşiktaş bir şekilde Tümer'i ikna eder" demiş. Maalesef başkanın öngördüğü gibi olmadı. Kendi kulübüm beni ikna etmek bir yana, bana geçerli bir teklif bile yapmadı.

Fenerbahçe'ye imzayı attıktan sonra diğer futbolcularla birlikte Faruk Ilgaz Tesisleri'ne geçtik. O sırada Aziz Yıldırım Ali Şen'le görüşmedeydi. Ali Şen, Aziz Yıldırım'a, "Çok doğru bir iş yaptınız. Adam gibi adam aldınız. Fenerbahçe'de iyi işler yapacak, başarılı olacaktır" dedi benim yanımda. Ali Şen beni sosyal hayattan bilen biridir. Beni tanır, nasıl biri olduğumu iyi bilir. Aziz Yıldırım'ın yanında da benimle ilgili iyi dileklerini söylemesi beni onurlandırdı.

Fenerbahçe'de oynadığım süre boyunca Aziz Yıldırım'la çok özel bir ilişkimiz oldu. Benim oynadığım kulüplerde bütün başkanlarla her zaman aram iyi oldu. Aziz Yıldırım çok farklı bir insandı ama. Eşi, çocukları, yakın dostları, hayatındaki herkes bir tarafta, Fenerbahçe bir taraftaydı Aziz Başkan için. Başta amcam ve birçok arkadaşım olmak üzere fanatik Fenerli bir sürü insan gördüm. Ama tanıdığım tartışmasız en büyük Fenerbahçeli Aziz Yıldırım'dır.

Bu sevgi yüzünden zaman zaman objektif bakış açısını kaybedebilir ama futbolu ve idari yönetimi iyi bilen biridir. Fenerbahçe Aziz Yıldırım'ın hayatında her şeyden çok daha önemlidir. Aziz Yıldırım'ın dışarıdan anlaşılamamasının nedeni de budur. Çünkü Aziz Yıldırım diğer kulüp yöneticilerinden farklıdır. Onun işi de, özel hayatı da Fenerbahçe'dir.

Doğal olarak da Fenerbahçe aleyhine birisi bir şey yazdığında veya söylediğinde kızmasının ve savunmaya geçmesinin nedeni, üze-

İlhan Ekşioğlu'yla FB TV'de Fenerbahçe'ye imza.

rine alınması, o yazıyı ya da eleştiriyi kendi özeline bir laf söylenmiş olarak görmesindendir. Doğru bir bakış açısı mıdır, tartışılır ama dediğim gibi kendisi benim gördüğüm/göreceğim en büyük Fenerbahçelidir. Benim Fenerbahçe'de oynadığım dönemde takıma, teknik direktöre çok karıştığı yönünde yazılar yazılıp çizildi. Zaman zaman yanlış müdahaleleri de olmasına rağmen en az bir o kadar da doğru zamanda, doğru müdahalelerini gördüm ben başkanın. Her ne kadar teknik direktör takımın patronu ve işi en iyi bilen kişi konumunda olsa da Aziz Yıldırım'ın Fenerbahçe'ye olan sevgisinden kaynaklanan, çok farklı algısı ve bakış açısı vardır. Ve bu bakış açısı bazen teknik direktörde olmuyordu. O durumlarda Aziz Başkan'ın yaptığı müdahaleler hep takımın lehine ve olumlu sonuçlandı. Tabii ki bir insanın "sevgi" mazereti altında yaptığı her şey mübah olmayabilir. Ama Aziz Yıldırım'ı eleştirebilmek için de önce Aziz Yıldırım'ı tanımak ve onun kafasının nasıl çalıştığını bilmek gerekir.

Belki olgun yaşlarıma denk geldiği içindi bilmiyorum ama Fenerbahçe'de oynadığım dönemde takım içerisindeki olaylarda hep tampon görevi görüyordum. O zamanlar takımda yaş ve tecrübe olarak en az benim kadar kıdemli Rüştü Reçber ve Ümit Özat da vardı. Ama onlar özellikle işin içinde başkan varsa dahil olmamayı tercih ederlerdi.

Bir Kayseri beraberliği sonrası Appiah ve Önder Turacı uçaktan inip, gece dışarı çıkmışlardı. Başkan da doğal olarak bunu duymuş ve çok sinirlenmişti. Ertesi gün sözleriyle ikisini de dövmekten beter etti. Kısaca, "Ben uçaktan indikten sonra kendimi eve kapattım. Ailemle bile görüşmedim. Siz beraberlikten sonra gönül rahatlığıyla dışarı çıkıp nasıl eğlenirsiniz?" diyordu. Futbolcu tarafından düşününce belki de onlar için sıkıntıyı atmanın ve kafayı toplamanın yolu dışarı çıkmaktı. Herkesin üzüntü karşısında verdiği tepki farklı olabilir. Ama başkan çok sinirlenmişti ve ortam çok gerilmişti. Dediğim gibi başkan sözleriyle dövmekten beter etmişti ikisini de. Özür dileyerek araya girdim. Öncelikle başkanın haklı olduğunu, zor bir süreçten geçtiğimizi ve hepimizin çok bunaldığını söyledim. Devamında, şampiyon olduktan sonra bunun acısını hep birlikte çıkartacağız deyip, Aziz Başkan'a döndüm, "Başkanım şampiyon olursak, ben bir yer kapatacağım ve bütün takım eğleneceğiz. Parasını da siz ödeyeceksiniz" dedim. Başkan, "Şampiyon olun nerede nasıl eğlenirseniz eğlenin" dedi. Hem ortamı yumuşatmış hem de konunun kapanmasını sağlamıştım. Sezon sonunda şampiyon olduk ve takım olarak bütün senenin acısını hep birlikte çıkarttık. Başkan da verdiği sözü tuttu.

Aziz Yıldırım-Zico tartışması

100. yılımızda yine bir toplantı sırasında başkan ile Zico arasında bir gerginlik oldu. Yöneticiler, futbolcular hepimiz oradaydık ve tartışmayı izliyorduk. İki taraf da bir şeyler söylüyor ve olay giderek büyüyordu. Çözümü veya sonucu olacak bir kavga değildi. Başkandan izin isteyerek iki tarafın da sakinleşmesi için Zico'yu dışarı çıkardım. Bu o an benim görevim değildi belki. Bir yöneticinin bu hareketi yapması daha uygun olurdu ama sonuçta birinin bir şey yapması gerekiyordu ve ben tutamadım kendimi. Zico'yu dışarı çıkarttıktan sonra ortalık sakinleşti, sonrasında takım antrenmana çıktı.

Ben o ara sakat olduğumdan sahanın kenarında düz koşu yapıyordum. Başkan beni yanına çağırdı. Sahanın kenarında kendisiyle biraz yürüdük. Konuyla ilgili konuştuk. Kendisi de bana Zico'yu çıkartmakla doğru bir hareket yaptığımı söyledi. Sonuçta 100. yılımızdı. Takım şampiyonluğa doğru gidiyordu. Herkes gergin, herkes baskı altındaydı. Uzayacak bir tartışma kötü sonuçlanabilirdi. En doğru hareket iki tarafın da bir süre sakinleşmesi için aynı ortamdan ayrılmalarıydı. Başkan'la sohbetimden sonra Murat Özaydınlı ve Ömer Temelli de bana olası bir kaosu önledi-

Yine yanımdaydı!

ğimi ve çok doğru bir şey yaptığımı söylediler. Dediğim gibi o sezon hem yaşımın hem de kariyerimin getirdiği olgunlukla takım içerisinde bir tampon görevi gördüm.

Aziz Yıldırım benim takım içindeki duruşumu beğenirdi. Beşiktaşlı olduğumu biliyordu ama önemli değildi. Sonuçta Fenerbahçe forması altında elimden gelenin en iyisi yaptığımı, yeri geldiğinde takımda sorumluluk üstlendiğimi de biliyor ve görüyordu. Onun için hangi takımlı olduğum önemli değildi. Önemli olan tek şey Fenerbahçe'ydi. Ve ben de Fenerbahçe adına elimden gelenin en iyisini yaptığım sürece sorun yoktu.

Ben Fenerbahçe'ye gittiğimde takımda bir travma vardı. Denizli maçıyla şampiyonluğu, Beşiktaş'la kupa finaliyle kupayı kaybetmişti takım. Biten sezonda son dakikada kaçan iki kupanın yarattığı travmayla yeni sezona başladık. Sezon başında Faruk Ilgaz Tesisleri'ndeki ilk takım toplantımızda Aziz Yıldırım bütün takıma esti gürledi. Ben transfer sonrası ilk o toplantıda Aziz Başkan'ı gördüm. Hep duyduğum Aziz Yıldırım'ın "Azizsilin" tarafına da ilk kez o toplantıda canlı şahit oldum. Kısa süre önce kaçan şampiyonluğa ve kupaya geri dönerek eleştirilerini yaptı. Yeni sezon için kupa ve şampiyonluk hedefi koydu. "Geçen sene kupayı elimizden alan adamı da aldım. Aranıza oturttum. Bu sene hem kupa hem şampiyonluk istiyorum" dedi.

Takım içinde başkanın sevdiği oyuncular vardı; sevmediği oyuncular vardı. Aynı şekilde başkanı seven ve sevmeyen oyuncular da vardı. Fenerbahçe'de oynadığım süre boyunca Aziz Başkan'la benim herhangi bir kavgam veya anlaşmazlığım olmadı. Bir tek 2008 Avrupa Şampiyonası dönüşü ufak bir bir olay yaşadık. Şampiyonadan döndüğümüzde takımlar yeni sezon hazırlıklarına başlamışlardı. Ama bütün takımlar milli takımdaki oyuncularına bir süre izin vermişlerdi. Başkan Aziz Yıldırım da Fenerbahçeli oyunculara sadece dört gün izin verdi, "Dört gün sonra herkes kampa katılsın" dedi. 35 gün şampiyona, artı 20 gün şampiyonaya hazırlık, toplam 55 günlük yorucu bir kamptan çıkmıştık ve kafa olarak bütün milli oyuncular çok yorgunduk.

Semih, Emre, Volkan ve Uğur'un telefonları üzerine başkanı aradım. "Başkanım dört günü uygun görmüşsünüz ama biz 55 gündür kamptayız. Şunu en azından bir hafta yapalım mı? Ailelerimizle biraz vakit geçirelim. Kampa kafa olarak daha hazır gelelim" dedim. Başkanın cevabı kısa ve netti: "Beni ilgilendirmiyor. Milli takım bitti, şu anda Fenerbahçe var. Dört gün sonra kampa gelmeyen hiç gelmesin!"

Söylediğim gibi başkanı anlamak için onu tanımak gerekir. O hep hayatında Fenerbahçe'yi öncelikli gördüğü için, herkesten de aynı özveriyi bekliyordu. Ancak onu tanırsanız ve anlamaya çalışırsanız kızmaz, kırılmazsınız. Telefonu, "Tamam başkanım" diye kapattım. Dört gün sonra tabii ki hepimiz kampa katıldık.

Başkana dair benim tek kırgınlığım vardır. Fenerbahçe'de oynadığım ilk sezonun sonunda ilk yurtdışına çıkışımda başkanın bana çok yardımı oldu. Sonrasında Larisa'da geçirdiğim yarım dönemden sonra (2008 Avrupa Şampiyonası sonrası) askerlik yaşı yasayla 33'ten 38'e çıkartıldığında tekrar Fenerbahçe'ye döndüm. 2008-2009 sezon başıydı, Fenerbahçe'nin başına Aragones getirilmişti. Ben Avrupa Şampiyonası'ndan sakat dönmüştüm. Futbol hayatımın en büyük sakatlığını yaşadım o turnuvada ve yaklaşık üç buçuk ay top oynayamadım. Bu arada yarım dönem Larisa deneyimi yaşamış biri olarak, Yunanistan'daki hayata kısa sürede adapte olmuştum. Askerlik sorunum yasanın değişmesiyle o an için ortadan kalkmıştı ama sakatlık dönemimde kafam karışıktı. Larisa'ya alışmışken ve orada güzel bir dönem geçirmişken tekrar oraya gidip gitmemeyi düşünüyordum. İyice düşündükten sonra futbol hayatıma Yunanistan'da devam etmeye karar verdim. Hoca'ya ve yönetime yurtdışına gitme kararımı bildirdim. Bu konuda direkt başkanla bir görüşmem olmadı ama yurtdışına gitme isteğim kendisine iletildi. Yönetim de onayladı ve kulüp devre arasında gitmeme izin verdi. Başkan mukavelemin feshini menajerimle yaptı ve benimle vedalaşmadı. Sakatlığımdan dolayı o dönemde antrenman bile yapamıyordum ve psikolojik olarak iyi değildim. Dolayısıyla özel hayatımı da kötü yaşıyordum. Kendime bakmıyordum, kafa olarak takımın içinde değildim. Ve eminim dışarıdan da bu fark ediliyordu. Başkanın da bu nedenle bana bir kırgınlığı ya da kızgınlığı vardı sanırım. Onu da benimle vedalaşmayarak gösterdi. Ama ben içten içe beni transfer ettiğinde çağırdığı gibi ayrılırken de beni çağırmasını isterdim.

Larisa'da oynadığım dönemde Fenerbahçe, PAOK maçı için Yunanistan'a geldi. Maç öncesi otelde takımı ziyaret ettiğimde başkanla karşılaştık, sohbet ettik. Keyfi yerindeydi, ben de veda konusunu açmadım orada. Sonuçta bilirim ki Aziz Yıldırım beni sever; ben de onu severim. Tıpkı Fenerbahçe taraftarı gibi...

Fenerbahçe taraftarı da benim Beşiktaşlı olduğumu bilmesine rağmen beni sever. Bilirler ki ben Beşiktaşlı olsam da Fenerbahçe formasını giydiğim dönemde elimden gelenin en iyisini yaptım. Tabii ki Beşiktaş'tan Fenerbahçe' ye transfer olduğumda sa-

Alex'le gol sevinci.

dece Beşiktaş taraftarından tepki almadım. Fenerbahçe taraftarları içerisinde de benim transferimi kabullenmeyen ve istemeyenler vardı.

Fenerbahçe formasıyla ilk resmi maçım Şampiyonlar Ligi ön eleme maçıydı ve maç Şükrü Saraçoğlu'ndaydı. O statta birçok kez maç oynamıştım. Ama Fenerbahçe taraftarı önünde Fenerbahçe formasıyla ilk resmi maçıma çıkarken çok garip bir heyecan vardı. Çok karışık duygular içerisindeydim. Faroe Adaları'yla oynadık ve 3-0 kazandık maçı. İlk golü ben attım. Benim için ilk maçta gol atmak çok önemliydi. Hem seyirciyle iyi bir başlangıç yapabilmek hem de Fenerbahçe içerisinde de benim transferime olan negatif tepkileri kırabilmek adına çok önemliydi. Allah'a şükür ilk maça golle başlayarak Fenerbahçe taraftarıyla ilişkime de güzel başladım. Devamında zaman zaman performansımda iniş çıkışlarım olsa da bütün sezon seyirciyle hep iyi bir ilişkim oldu.

Sosyal hayat ve tepkiler

Bir futbolcuya kariyerinin getirdiği ayrıcalıklar vardır. Mesela Galatasaray'da UEFA Kupası'nı kazanan kadronun sosyal hayatta gittikleri mekânlarda, girdikleri ortamlarda yeri ayrıdır. Aynı şekilde Fenerbahçe'de oynayan futbolcuların da bir ayrıcalığı vardır. Ben beş yıl Beşiktaş'ta oynadım; itiraf etmeliyim ki sosyal hayatta Fenerbahçe'de oynarken gördüğüm ayrıcalığı Beşiktaş'ta oynarken görmedim. Beşiktaş'ta oynarken gittiğim mekânlara Fenerbahçe'de oynarken de gitmeye devam ediyordum. Ama gördüğüm ilgi alaka farklıydı. Bunda benim transferimin çok ses getirmesi, çok konuşulması da etkili oldu elbette. Ama sadece bana değil, Fenerbahçe'de her seviyede oynayan futbolcuya sosyal hayatta bir pozitif ayrımcılık vardır. Trafikte, basında, gece hayatında, havaalanında, güvenlikte, hayatın birçok alanında farklı bir ayrıcalığınız olduğunu, isteseniz de istemeseniz de hissedersiniz. Ben bir Beşiktaşlı olarak bu ve benzeri nedenlerle, "Her oyuncu mutlaka Fenerbahçe'de oynamalı. Allah bütün futbolculara futbolu bırakmadan Fenerbahçe'de oynamayı nasip etsin" dedim birçok kez.

Örneğin, Beşiktaş'ta oynarken bu kadar çok Beşiktaşlı olduğunu bilmiyordum, yani sosyal hayatımda hissetmiyordum. Beşiktaş taraftarı beni sevmedi diyemem asla. Tabii ki Beşiktaş'ta oynarken beni seviyorlardı ama mesela bir Pascal Nouma kadar kredim olmadı ve ilgi görmedim. Belki bu benim duruşumla alakalıydı. Ama ne zaman ki Fenerbahçe'ye transfer oldum, gösterilen tepki ve sosyal hayatta karşılaştığım olaylarla Beşiktaşlı taraftarların ne kadar çok olduğunu fark ettim. Şunu itiraf etmeliyim ki, ben transferimin bu kadar konuşulacağını ya da Beşiktaş taraftarının bu kadar tepki göstereceğini beklemiyordum. Beklediğimin çok daha ötesinde tepkiler aldım. Bunların içerisinde benim cep telefonu numaramın internete verilmesi, BJK TV'nin arabamı ve plakasını ekranda dakikalarca göstererek, beni hedef olarak taraftara sunması hiç hoş değildi. Sosyal hayatım gerçekten çok etkilendi o dönemde. Kötü bir dönemdi. Ben zaten kendi içimde bu ayrılığın üzüntüsünü yaşarken, bir de aldığım tepkiler ve özellikle Beşiktaş yönetiminin taraftara olayı gerçektekinden farklı yansıtması ve bütün bu olumsuz psikolojide bir yandan yeni takıma adapte olmak, bir yandan da çıkıp kendimi ve yaşadıklarımı anlatamamak ve susmak zorunda olmak, çok zordu benim için.

Transfer süreci boyunca profesyonel birisinden hem nefes terapisi hem de psikolojik destek aldım. O dönem krizi yönetmeme çok yardımcı oldu. Ben ani tepkileri olan bir adamım. Çok kısa sürede sinirlenip, ani çıkışlar yapabiliyorum. Aldığım destek o ortamda tepkileri daha sindirerek karşılamam gerektiğini, en yalın anlatımla, yutkunmam gereken yerde yutkunmam ve bazı şeyleri yutmam gerektiğini öğretti. İçinde hiyerarşik yapılar, basın, taraftar vs. birçok faktörün bir arada olduğu bir ortamda bir

Kanaryalar da yüksek uçar...

"iş" yapmak ipin üstünde yürümek gibidir. Dolayısıyla krize ve her tür sıkıntıya/soruna her zaman hazırlıklı olmak gerekir. Bence yeni nesil futbolcular somut bir kriz yaşamasalar da mutlaka düzenli olarak destek almalılar. Hatta bence bu profesyonel desteği kulüpler futbolcularına vermeliler. Bünyelerinde nasıl kulüp doktoru, fizyoterapist vs. gibi personelleri varsa bence mutlaka bir danışman da olmalı. Futbol oynamak, bir futbolcunun işidir. Ama mesai saatleri yoktur.

Sadece antrenman ve maçlarla sınırlı değildir bu iş hayatı. Girilen her sosyal ortamda, gidilen her mekânda mesai devam eder. 7/24 sorumluluk, 7/24 mesainin ve içinde milyonlarca kişinin dahil olduğu bir ortamda da, kriz her zaman kapıdadır. Eğer profesyonel bir destekle önceden hazırlıklı olunursa yönetmesi de dolayısıyla daha kolay olacaktır.

Fenerbahçeli misin, Beşiktaşlı mı?

Ben futbolcuları hep bir arı kovanına benzetirim. Etrafta da taraftar, basın vs. herkes yaramaz çocuklar gibi bir şekilde çomak sokarlar o kovana. Bir iki üç derken yediğiniz sayısız çomaktan sonra arı kovanındaki arıların bir anda dışarı çıkması gibidir tepkilerimiz, sinirlerimiz ve dolayısıyla krizlerimiz.... Öyle bir iş ki yaptığımız, hiç ara veremiyorsunuz. Maç bitiyor, antrenman bitiyor, sezon bitiyor ama yine de gittiğiniz her yerde, restoran, gece kulübü, kafe hatta denizde yüzerken bile, insanlar size sürekli bir şeyler sorup, yorumlar yapıp, olumlu ya da olumsuz tepkiler veriyorlar. Gecenin saat üçünde bir kulüpte bir taraftar bir şeyler söylediği an sinirlenmemek ya da terslememek, kendini tutmak kolay değildir. Bana bugün hâlâ gittiğim yerde ya da arkadaşlarımla otururken gelip, "Bir şey sorabilir miyim?" dedikten sonra, ben bir milyon kere Beşiktaşlı olduğumu belirtmeme rağmen hâlâ "Fenerbahçeli misin, Beşiktaşlı mısın?" diye sorulması, arkasından Fenerbahçe transferimle ilgili bir şey söylenmesine tepki veriyorum ister istemez.

Benim hayatımda üslup her zaman çok önemlidir. Ben her zaman her ortamda mümkün olduğunca her tür soruya ya da fotoğraf çektirme veya imza isteğine olumlu yanıt verdim. İnsanları kırmamaya özen gösteririm. Ama karşımdaki insandan da aynı nezaketi ve üslubu doğal olarak beklerim. Birçok insanın söylediği, "Futbolcu cevabı en iyi sahada verir" sözüne hiç katılmıyorum. Maçta gol atıp sahanın yıldızı da olsanız da o cevaplar hiçbir zaman bitmez!

Temsil ettiğimiz camialar, oynadığımız kulüplerin taraftarları bizden taraftar gibi düşünüp taraftar gibi hareket etmemizi istiyorlar. Ama bizler taraftar değil, tarafız. Bizler o taraftarların tuttukları takımda iş yapıyor ve karşılığında para kazanıyoruz. Şu an futbol hayatım bitti. Ve bittiği andan itibaren hiçbir kulüp bana para ödemiyor doğal olarak. Dolayısıyla futbol benim hayatımı kazandığım profesyonel işimdi. İşin içinde bir getiri ve maddiyat olan bir durumda kimse bizden taraftar gibi hareket edip öyle davranmamızı beklememeli.

Transfer olduğum gün internette numaramın yayınlanmasıyla birlikte günlerce haftalarca telefonum hiç susmadı. Çoğuna cevap verdim, cevap verme ihtiyacı hissettim. Belki benim de konuşmaya ihtiyacım vardı. Onlarca Beşiktaş taraftarıyla konuştum. Kimi anlayış göstererek kapattı; kimi küfrederek kapattı telefonu. Aradan aylar geçti. Bir gün telefonum çaldı. Açtığımda bir kız sesi, "Nasıl yaparsın bunu? Sen benim hayallerimi yıktın! Bana anlatmalısın, beni ikna etmelisin. Bunu nasıl yaparsın?" diye ağlıyordu. Konuşmaya çalıştım ama beni dinlemiyordu, bir yandan ağlıyor bir yandan kabullenemediğini söylüyor, bana kızıyordu. Telefonda kendimi ona anlatamayacağımı, kendisini ikna edemeyeceğimi anladım. Randevu verdim, bir yerde buluştuk ve Fenerbahçe tesislerine götürdüm onu. Simsiyah giyinmişti, boynunda siyah beyaz kaşkol vardı. Fenerbahçe tesislerinden içeri girerken, aslında kendisini hiçbir kuvvetin o kapıdan içeri sokamayacağını söyledi.

Tesislerde oturduk, bir buçuk saat boyunca anlattım. Dilimin döndüğünce, anlatabildiğim kadarıyla hikâyemi kendi tarafımdan kendi yaşadıklarımla anlattım. Dinledi, bazen hak verdi, bazen hak vermedi. Sinirlendi, bana sinirlendi, sonra benim elimde olmayan durumlara sinirlendi. Anlamaya çalıştı. Yine de kırık ve üzgün bir şekilde ayrıldı. Ayrılırken bir zarf uzattı. Kendisi gittikten sonra açıp okumamı istedi.

Fenerbahçe'ye transfer olalı aylar olmuştu; neredeyse sezon sonuydu. Her şey bitti sanmıştım, unutuldu sanmıştım, unuttum sanmıştım, unutuldum sanmıştım. Tesisteki odamda mektubu açtım, okudum, ağlamaya başladım.

Fenerbahçe formasıyla Beşiktaş maçları

Fenerbahçe formasıyla Beşiktaş karşısında oynadığım ilk maç Türkiye Kupası yarı final maçıydı. İlk maç İnönü'deydi.

15.05.07

TÜMER METİN...

Beşiktaş'a geldiğinde, yani 2001 senesinde yani tam 6 sene önce, ben daha 14 yaşındaydım. Ve ne yalan söyleyeyim o an İlhan daha çok gözüme çarpmıştı. İmajı, şekli şemali ufak bir kız için etkileyiciydi. Günler geçtikçe İlhan ile beraber takımıma gelen Tümer Metin denen adam da dikkatimi çekmeye başlamıştı. Oynayışı, hırsıyla evdeki ve tribündeki TÜMEEER sesleri ile gün geçtikçe Tümer - Sergen - Pascal - İlhan benim değişmez dörtlüm olmuştu. 100 yıldaki bütün takım benim için pırlanta değerinde olacak bir takımdı o ayrı konu tabi.

Seneler geçti ve benim bu 4 adama olan aşkım daha da arttı. Ama bir şey farkettim büyüyen yaşımla beraber. Benim aşkım bu dört adama değildi, ben bu adamların aşklarına aşık olmuştum. O nasıl bir sevinçti gol attıktan sonra yaşadıkları. Pascal'ın golden sonra Luce'nin yanına gidişini ve Luce'nin, Pascal'ın elini öpüşünü, Sergen için "Sergen attı, şampiyonluk geldi" yankılarını, İlhan'ın yüzü parça parça ayrık oyuna devam edip gol attıktan sonra yaptığı sus işaretini, ve ve sen.. TÜMER METİN. Başlı başına ekol olan adam. Senin maçlardan önceki ağır, kendinden emin halin, yüzü asık ama kalbi aşk dolu görüntün, maçtaki o deli hırsın, başkaları tarafından bencillik olarak adlandırılsa da sadece takımını göğüslemeyi istemen, gol sonrası sevincini bizle paylaşman, formandaki BJK armasını gururla öpüşün. Her oyuncu armasını öpmez abi! Her oyuncu da o BEŞİKTAŞ formasının hakkını veremez! Sen, verenlerdendin. Her şeyin.. Ah be Tümer Metin. Ah! Çok sevdi bu taraftar seni. Gittin kendi de fener. Hiç birimizin sevmediği başka bir yuvaya uçtu en yürekli kartalımız. Ne işin var kanaryaların arasında. Sen kartalsın! Unutma! Hep deriz biz taraftarlar kızınca size; "Aşkımız sizlere değil, renklere" diye. Ama ben sen gittikten sonraki ayrılmadan anladım ki; aşkımızın %40'ı sizindir.

Gittin. Ah be Tümer. Bil: benim gibi düşünen çok var bu taraftar arasında. Bil ki derinlerden bir yerden seviliyorsun hala.

Lütfen bu taraftarı üzüp etme. Lütfen "O" takım ile oynadıktan sonra soyunma odasında açıklama yaparken senin AŞIK OLDUĞUN TAKIMA AŞIK OLAN BİZLERİ, BEŞİKTAŞLILARI, düşün!

Kalbine ihanet etme çünkü sen bilirsin;

ÇOK SEVDİK BE ABİ!!!

MELİZA

Hayatımdaki en zor maçlarımdan, hayatımın en zor günlerinden biriydi. Beşiktaş taraftarının bana yaptığı besteyi söylediği, Fenerbahçe'ye transferime yönelik tepkisini gösterdiği ilk maçtı. Sahaya çıktığımda dizlerim titriyordu. 1-0 kaybettik. Futbol hayatımda oynadığım bütün maçları hatırlarım bir şekilde. Ama o maçı bugün bile hatırlamıyorum. Sahaya nasıl çıktım, nasıl oynadım hafızamda yok, silinmiş. Sahaya çıkana kadarki bölümü hatırlıyorum sadece. Bir de maçı Beşiktaş'ın 1-0 kazandığını...

Maça çıkarken bir milyon defa geçtiğim tünele yabancılaştım birden. Beşiktaş Stadı'nda tünel boyunca duvarda nostalji fotoğrafları vardır. Benim fotoğrafım da vardı o tünelde. Fotoğrafın olduğu yeri ezbere biliyordum. Önünden geçerken fotoğrafımın kaldırıldığını gördüm. Yutkundum, hiçbir şey söylemedim, söyleyemedim. Fotoğrafların olduğu duvarı geçtikten sonra Beşiktaş soyunma odasının önünden geçtim. Çok zordu. Sanki bir güç arkamdan itiyordu beni içeri girmem için. Ya da benim sahaya o odadan çıkmam için... Yanlıştı bir şeyler... Üzerimde yanlış forma vardı, yanlış soyunma odasındaydım, yaşananlar yanlıştı.

O duygularla ısınmaya çıktım. Tüm stat o besteyi söylemeye başladı. Saha kenarında bütün oyuncular toplanınca kaptan Ümit Özat, "Bugün tüm kalbimizle Tümer Metin için oynayacağız" dedi. Ben o andan sonrasını hatırlamıyorum. Bir beste yapılmıştı adıma. Besteye çok takılmadım aslında. Yaratıcı ve Çarşı'ya yakışır bir besteydi. Küfür etmemişlerdi bana ama küfürden beter bir yolla tepki göstermeyi başarmışlardı.

Fenerbahçe formasına alışmıştım bir şekilde ve o forma altında elimden gelenin en iyisini yapıyordum. Fenerbahçe taraftarı da, yönetimi de bunu görüyor, biliyordu. İşimi aksatmadan yapıyordum. Ama İnönü Stadı'na Beşiktaş formasıyla değil deplasman takım formasıyla çıkmak; deplasman takım soyunma odasında hazırlanmak kendi evine misafir gibi gelmek gibiydi. Orası benim evimdi; o seyirci benim ailemdi. Ve ben o evden isteyerek ayrılmamıştım. Seyirci bana tepkisini ve kırgınlığını gösteriyordu ama ben de tepkili ve kırgındım. O gün sahanın ortasına bağdaş kurup, elimde mikrofonla bütün stata anlatmak isterdim bütün yaşadıklarımı bütün yaşananları... Kırgınlığımı, kızgınlığımı, çubuklu formadan nasıl koparıldığımı....

İlk maç benim için her anlamda çok zor geçti. 15 gün sonra Fenerbahçe Stadı'nda kupa finalinin rövanşını oynadık. 2-0 kazanmamız gerekiyordu. İlk golü ben attım. O golden sonra sevincimden korner direğine tekme atmam çok tartışıldı. Bir tepkiyle is-

Beşiktaş maçında Fenerbahçe formasıyla gol sevinci.

tem dışı vurdum o direğe. Bütün o yaşadıklarımın etkisiyle golden sonra o direğe vurdum. O hareket Beşiktaş'a gol atmanın sevinci değildi. İçimde yaşadığım fırtınanın dışavurumuydu sadece. Maç 1-1 bitti. Kupadan elendik.

Kupa finalinden iki hafta sonra yine İnönü'de lig maçına çıktık Beşiktaş'la. Ondan bir önceki lig maçında puan kaybımız vardı. Dolayısıyla Beşiktaş maçı bizim için çok önemliydi şampiyonluk yarışında. Mutlaka kazanmamız gerekiyordu. Maç öncesi takım yemeği yedik. Başkan Aziz Yıldırım, Tuncay Şanlı, kaleci Serdar Kulbilge, Önder Turacı ve benim yemekten sonra Ali Koç'un evine gitmemizi söyledi.

Aziz Yıldırım tanıdığım en büyük Fenerbahçeli ise herhalde Ali Koç da ikinci sıradadır. Maça iki gün vardı ve Ali Koç heyecandan titriyordu. Bir yerden bize moral veriyor bir yandan maçla ilgili sohbet ediyorduk. Sohbet sırasında, "Maç ne olur Tümer? Kazanır mıyız?" diye sordu heyecanla. "Merak etme Ali Abi" dedim. "Beşiktaş kendi evinde, seyirci baskısıyla daha stresli ve baskı altında oynayacak. Biz 1-0 kazanırız maçı."

Maç Kezman'ın golüyle 1-0 bitti. Maçtan sonra bütün futbolcular çok sevindi. Saha içinde sevinç gösterileri yapıldı. Ben hiçbir taşkınlık yapmadan Fenerbahçe seyircisine gittim sadece. Karşılıklı alkışladık birbirimizi, formamı attım ve direk soyunma odasına girdim. Beşiktaş seyircisi soyunma odasına giderken doğal bir tepkiyle küfürler ettiler. Ama ben hiçbir tepki göstermeden başımı eğip içeri girdim.

İçeri girerken tüneldeki resimlere baktım tekrar. 15 gün önce duvardan fotoğrafımın kaldırıldığını görmüş ama hiçbir şey yapmamıştım. Tünelden soyunma odasına doğru yürürken kendimi tutamadım, "Benim resmimi duvardan kaldırabilirsiniz ama tarihten nasıl sileceksiniz" diye tepki gösterdim. Bu tepkim ertesi gün gazetelere de yansıdı. O zamanlar yönetici olan (benim Beşiktaş'ta olduğum dönemde kulüpte olmayan) Celal Kolot maç öncesinde de maç sonrasında da anlamsız ve terbiyesiz bir şekilde, tahrik edici sözler söylemişti bana. "Kraldan çok kralcı olmak" diye deyim vardır. Celal Kolot'un hareketi bu deyimin tam karşılığıydı diyebilirim. Parasıyla Beşiktaş'a yönetici olmuş, Beşiktaşlılığını ya da benim Beşiktaşlılığımı tartışıp konuşabileceğim, her şeyden önemlisi hiçbir tanışıklığım olmayan bir adamdı. Mahalle ağzıyla kendi seviyesinde sözler sarf etti. Ona tek cevabım "Ben bu koridorlarda Beşiktaş formasıyla maça çıkarken sen neredeydin?" oldu.

Fenerbahçeli futbolcularla ilişki

Fenerbahçe'ye gittiğimde yerleşik düzende belli başlı oyuncular vardı. Tuncay Şanlı bunların başındaydı. Hem camia olarak çok sevilen hem de karakter olarak on numara insandır. Takımın içinde de sözü geçen, ağırlığı olan bir isimdi. Ümit Özat takım kaptanıydı. Rüştü Reçber yıllardır o camianın içindeydi. Benim imza attığım sene takımda çok büyük değişiklikler olmadı. Yabancı transfer olarak bir Lugano geldi; yerli oyunculardan da

Uğur Boral hatırladığım. Ama temel kadro bir önceki sezonla aynıydı.

Fenerbahçe'deki bazı oyuncularla milli takımdan bir tanışıklığımız olsa da Rüştü dışında hiç kimseyle bir arkadaşlığım yoktu. Benim FB TV'de canlı yayınlanan imza törenimi izlerken Mahmut Hanefi, Olcan Adın, Kerim Zengin beraber Tuncay Şanlı'yı aramışlar tepkili bir şekilde. Tuncay, "Bırakın gelsin gelsin, kucağımıza geliyor" demiş. Yaklaşık bir ay önce kupa finalinde karşılıklı takımlarda oynamıştık. Hatta kupa finalinde Semih'le saha içinde bir tartışmam bile olmuştu. Dolayısıyla bütün takım, özellikle genç oyuncular bana karşı tepkiliydi. İlk antrenmanlarda biraz mesafeliydik birbirimize. Sonra yavaş yavaş sohbet etmeye başladık. Beni tanımayan insanlara uzaktan ters gelebilirim ama beni tanıyan insanlar çok severler. Bir hafta boyunca her gün çift antrenman olunca bütün günümüz tesiste birlikte geçti oyuncularla. Dolayısıyla birbirimizi tanımaya başladık. Yaşça da hemen hepsinden büyük olduğum için her zaman çok saygılılardı bana karşı. Bir hafta sonra sabah antrenmanı sonrası günün ikinci antrenmanı için sahaya çıktım. Üç dört kişi vardı benim dışımda sahada. Bir top aldım, üstüne oturdum. Etrafı izliyordum.

Benim Zonguldakspor yıllarımdan kalma alışkanlığımdır topun üstüne oturmak. Antrenmandan beş on dakika önce sahaya çıkar, bir top alır üstüne otururdum hep. Antrenmana o şekilde konsantre olurdum belki de. Bununla ilgili her takımda birçok hikâyem de vardır.

O gün de topun üstünde etrafı izlerken, Mahmut Hanefi geldi yanıma:

"Abi hakkını helal et" dedi.

"Hayırdır?" dedim.

"Abi sen hakkını helal et" dedi.

"Oğlum bir haftadır tanıyoruz birbirimizi. Ne hakkı olacak, helal olsun" dedim. Bunun üzerine;

"Abi ben seni bilmeden, tanımadan bir küfür ettim, bir küfür ettim sana. Ama ben beş vakit namaz kılan biriyim. Bu Semih, Volkan daha çok küfür ettiler sana. Şimdi bak yanından ayrılmıyorlar" dedi. Güldük beraber.

Sonrasında giderek yakınlaştık ve çok iyi dostluklar kurduk. Özellikle Tuncay'ın bendeki yeri çok farklıdır. Allah her kulübe bir Tuncay versin zihniyet olarak. Takımla yaşayan, futbolculuğunun dışında da takıma çok büyük katkıları, pozitif enerjisi olan, her şeyiyle dört dörtlük bir insandır. Tuncay ve onunla birlikte birçok oyuncu da tesiste kalıyordu. O yıl çok güzel bir tesis ve arkadaşlık ortamı vardı. Bu ortam bize 100. yılda şampiyonluğun gelmesinde çok etkili oldu.

Fenerbahçe için Galatasaray maçlarının önemi

Ben Fenerbahçe formasını giydikten sonra Galatasaray maçlarının Fenerbahçeliler için ne kadar önemli olduğunu anladım. Galatasaray maçları Fenerbahçeliler için bir bayram. Eminim ki Galatasaraylı futbolcular için de çok önemli ama Fenerbahçeliler için çok daha farklı bir anlamı var. Öyle ki başkan Galatasaray maçları öncesi konuşmasına, "Bayramımız mübarek olsun" diye başlayıp, "Bayramı zehir etmeyin" diye bitirirdi. Dolayısıyla Galatasaray maçları sonrası yaşanılan galibiyet sevinci de bütün maçlardan farklıydı. Ki şanslı bir futbolcu olarak, Fenerbahçe formasıyla benim Galatasaray maçlarında Kadıköy'de ve Galatasaray'ın stadında mağlubiyetim yok. Bununla birlikte Fenerbahçe formasıyla Galatasaray'a karşı hiç golüm de yok. Bir Beşiktaşlı olarak Fenerbahçe forması giydim ve elimden gelenin en iyisini yaptım o forma altında. Ama Galatasaray'a gol atarak gerçek Fenerbahçeli olmadım!

Özellikle Fenerbahçe'nin 100. yılında Ali Sami Yen'de Galatasaray'la son maçımızda (ki seyirci ve olaylar nedeniyle Türk futbol tarihine geçmiş bir maçtır) benim saha içinde sergilediğim duruş, Fenerbahçe camiasına, benim Beşiktaşlı Tümer olarak Fenerbahçe formasına saygın ve doğru bir şekilde hizmet ettiğimi iyice kanıtladı sanırım. Özellikle seyircinin sahaya attığı maddeler ve taşkın hareketlerinin yaşandığı derbide saha içindeki duruş çok önemliydi. Son hafta şampiyon olarak çıktığımız Ankaragücü maçında seyircinin bana gösterdiği sevgi ve ilgi de Galatasaray maçındaki duruşumdan dolayı çok daha güzeldi.

Ankaragücü'yle şampiyonluk maçı

İki hafta önce Trabzonspor maçıyla şampiyonluğumuzu ilan etmiş olarak Kadıköy Şükrü Saraçoğlu'nda Ankaragücü maçına çıktık. Maçtan önce şampiyonluk kupasıyla taraftarla kutlama yaptık. Sonrasında da soyunma odasına girip formalarımızı giyip maça çıkacaktık. Şampiyonluk kutlaması, konserler, seyirciyle marşlar... her şey çok güzeldi. Boynumuzda madalyalarımız tam soyunma odasına doğru gidecekken seyircilerin oturduğu tribü-

Beşiktaş'tan sonra Fenerbahçe'de de 100. yıl şampiyonluğunu yaşadığım an.

nü açtırdım görevlilere. Annem, babam, Cansu, kayınpederim ve kayınvalidem tribündelerdi. Tribüne onların yanına çıktım. Madalyayı boynumdan çıkarıp Cansu'nun boynuna taktım. "Bunu benim kadar hak ettin" dedim. Cansu, Fenerbahçe'ye transferimi herkesle birlikte televizyondan öğrenmiş ve bana çok kırılmıştı. Yine de bütün sezon boyunca desteğini esirgemedi benden. Sezon başında transferden dolayı onun da sosyal hayatı benim kadar etkilendi. Ben saha içinde, o saha dışında bütün sıkıntıları birlikte yaşadık. Onun gözünden yaşlar süzülürken inip soyunma odasına girdim. Ve iki büyük takımın 100. yılında da şampiyonluk yaşamış ilk ve tek futbolcu olarak sezonun son maçına çıktım.

Fenerbahçe'ye imza atana kadar böyle bir hayalim ya da hedefim yoktu. Ama ne zamanki imzayı attım; her zaman yaptığım gibi kendime bir hedef koydum. O da imzayı attığım an itibariyle Beşiktaş'ta 100. yıl şampiyonluğu yaşamış bir futbolcu olarak, Fenerbahçe'nin de 100. yılında şampiyonlukta pay sahibi olup, belki de bir daha hiçbir futbolcunun sahip olamayacağı "iki büyük camiada 100. yıl şampiyonluğu yaşamış ilk ve tek futbolcu" unvanını almak hedefim oldu. Benim için kişisel olarak önemli bir başarıydı bu. İzmir'de Trabzonsor maçından sonra şampiyonluğu ilan ettik. 80. dakika oyundan çıktım ben. Maçın bitimiyle de bu unvana sahip oldum. Hem şampiyonluk, hem 100. yıl, hem iki büyük takımda 100. yılda şampiyonluk yaşamak...

Fenerbahçe'nin 100. yıl şampiyonluk kupasıyla.

Çok özel bir duyguydu o an yaşadığım...

Ben Fenerbahçe'de özellikle 100. yılda bütün sezon elimden geleni en doğru şekilde yapmaya çalıştım. Sadece saha içindeki oyunumla değil, yaşımın da etkisiyle takımın içinde bir abi, bir tampon görevi gördüm. Fenerbahçe'nin 100. yıl şampiyonluğunda şüphesiz benden daha çok emeği olan oyuncular vardı. Başta Tuncay, Alex, Kezman, Ümit Özat, kaleci Serdar Kulbilge ve daha birçok isim... Takım olarak çok kenetlenmiştik ve genel olarak bütün sene zaten çok başarılıydık.

101. yıl

100. yıl şampiyonluğunun ardından 101. yıla başladığımızda takımda epeyce değişiklikler oldu. En başta Tuncay yurtdışına gitti. Ayrıca Rüştü ve Ümit Özat da ayrılınca yaş ve hiyerarşi anlamında ben yalnız kaldım. Takımda Fenerbahçe içinden yetişen Volkan, Semih, Selçuk gibi oyuncular vardı ama hem deneyim hem hiyerarşik anlamda takımdaki ağırlığı olan 4 kişiydik biz. Üçünün ayrılmasıyla ben o anlamda yalnız kaldığımı hissettim. Tuncay'ın takımda kurduğu ve yarattığı ortamı ve düzeni korumaya çalıştım.

100. yıl şampiyonluğunun ardından Fenerbahçe'deki ikinci senem başladı. Bu arada askerlik problemim devam ediyordu. Ya Fenerbahçe'de yarım dönem yani 2008 ocak ayına kadar futbol oy-

nayıp, ocak ayında futbolu bırakıp askere gidecektim ya da daha uzun süre futbol oynayabilmek için yurtdışına gidip futbol hayatıma orada devam edecektim. Başkan Aziz Yıldırım hiçbir zaman bana, benim askerlik problemimi halledeceği sözünü vermedi. Sadece konuyla ilgili elinden geleni yapmaya çalışacağını söyledi. Ki 2007-2008 sezonu başladıktan birkaç ay sonra, kasım ayı gibi Aziz Yıldırım'la bir görüşmem oldu. Kendisi askerlik sorununun hallolamayacağını, yaş sınırının değişmeyeceğini söyledi. Ben de "Başkanım o zaman izin verin ben yurtdışına gideyim" dedim. Futbol oynamaya devam etmek istiyordum. Benim sorunum askere gidip gitmemek değildi. Ben futbol oynayabildiğim sürece futbol oynamak istiyordum. Fenerbahçe kulübünün sağladığı kolaylıkla futbol hayatıma yurtdışında devam etmeye karar verdim.

8

Milano günleri, Larisa transferi ve Larisa günleri

Öyle bir yerdeyim ki,
Bir yanım çığlık çığlığa...
H. Hüseyin Korkmazgil

2007 Aralık ayı başıydı. 1 Ocak 2008'den önce yurtdışına çıkmam, aksi takdirde askere gitmem gerekiyordu. O dönemde gazeteler benim ocak ayında asker olacağımı yazmaya başlamıştı bile. Çok kısa bir zaman vardı önümde yurtdışında bir takımla anlaşabilmek için. Transfer dönemi ocak ayının sonuna kadar devam etse de benim 1 Ocak'tan önce yurtdışına çıkışımı yapmam gerekiyordu. Aksi takdirde daha sonra bir takım bulsam bile yurtdışına çıkamayacaktım. Aralık ayının son haftası henüz ortada görüştüğüm bir takım bile yokken iki valizle Milano'ya gittim. Transfer sürecime yurtdışında devam etmek zorundaydım. Milano'yu çok sık gittiğim ve bildiğim bir şehir olduğu için de özellikle tercih ettim. Zaten olası transfer görüşmeleri için rahatlıkla seyahat edebilmem için Avrupa'da merkezi bir şehirde olmalıydım. Ayrıca Milano'da birkaç Türk arkadaşımın da olması benim için önemliydi. 30 Ocak 2008 tarihine kadar orada kalacak ve bir takım bulmaya çalışacaktım. Eğer bulamazsam dönüp askere gidecektim. Kararım çok netti. Takım bulamazsam bir sonraki sezona kadar yurtdışında yaşayarak sonra tekrar yazın takım aramayacaktım. Zaten benim ana hedefim 2008 Avrupa Şampiyonası'na katılmaktı. Dolayısıyla bir takım bulmak, aslında daha büyük hedefim için öncelikli amacımdı sadece. O yüzden bir ay içinde mutlaka bir takım bulmalı ve oynamalıydım altı ay sonraki şampiyonaya katılabilmek için...

Yurtdışına çıkmadan Fatih Terim'le de bir görüşmem oldu. "Önümüzde Avrupa Şampiyonası var ve seni düşünüyorum. Git mutlaka bir takım bul kendine ve oyna" dedi. Fatih Hoca'nın bu sözleri de beni ekstra motive etmişti. Ayrıca fiziksel olarak da en iyi dönemimdi. Futbol oynamalıydım! Henüz futbolu bırakamazdım. O yüzden de ülkemi, evimi, ailemi, her anlamda çok daha iyi şartlarımı bırakıp gittim.

Henüz küçücük bir çocukken "tek başıma" futbol topunun peşinden koşarak başlayan sevdam 32 yaşımda yine "tek başıma"peşinden götürmeyi başardı beni.

27 Aralık 2007 Perşembe günü Milano'ya gittim ve bir otele yerleştim. Kelimelerle anlatamayacağım bir halet-i ruhiye içerisindeydim. Birkaç hafta içerisinde Avrupa'da bir takımda futbol oynamaya devam da edebilirdim, hiç hazır olmadığım halde futbolu bırakıp 15 ay askere de gidebilirdim. O, bir ay sonra ne olacağını, nerede olacağımı bilemediğim belirsiz dönem, benim hayatımda geçirdiğim en kötü dönemlerden biriydi. Kötü olan askere gitme ya da futbolu bırakma ihtimalimin olmasının ötesinde, ne olacağını bilememek duygusuyla hayatımdaki belirsizlikti.

Milano çok sevdiğim ve iyi bildiğim, arkadaşlarımın olduğu, her gittiğimde çok iyi vakit geçirdiğim bir şehir olmasına rağmen bu defa psikolojim o kadar kötüydü ki, kaldığım yaklaşık bir ayının hiçbir dakikasından keyif alamadım.

Menajerim Tarık Üstün, Türkiye'den transfer görüşmelerini yürütüyor; takımlarla yazışıyor görüşüyordu. Ben her gün ondan telefonla bilgi alıyordum. Günlerim telefon görüşmeleriyle geçiyor ve her geçen gün zamanım daralıyordu. Tarık Abi ile konuşmadığım günlerde zaten kötü olan psikolojim daha da bozuluyordu. Görüşülen takımlar vardı elbet ama çeşitli nedenlerle bir türlü anlaşamıyorduk. Sonrasında yeni takım adları gündeme geliyor; benzer süreç tekrar tekrar yaşanıyordu. Her gün yeni bir gelişme oluyordu. Günler geçtikçe benim ruh halim daha da kötüleşiyordu. O dönemimde bana en büyük desteği verenler, Milano'da yaşayan Türk arkadaşlarım Ömer Şenay, Burak Bulut ve Alican Acundaş oldu. En kötü dönemimde bana biraz olsun moral verebilmek için her şeyi yaptılar. Bugün hâlâ çok sevgili arkadaşım Ömer Şenay'ı her gördüğümde boynuna sarılıp, bana o günlerde verdiği sonsuz destek için hakkını helal etmesini söyler, minnetlerimi sunarım. Ne Ömer ne Burak ne de Alican, beni hiç yalnız bırakmadılar. Ne iş için ne tatil için oradaydım. Araf'ta kalmak diye bir terim vardır ya... İşte ben Milano'da geçirdiğim o bir ayda Araf'taydım. Bir ay bir hafta hatta bir gün sonra bile nerede olacağımı ne yapacağımı bilmiyordum. Sadece bekliyordum. Ne olacağını bilmeden, ne olacağımı, nerede olacağımı bekliyordum. O süreci tek başıma nasıl geçirirdim ya da dayanabilir miydim bilmiyorum. O yüzden arkadaşlarıma tekrar tekrar her şey için çok teşekkür ederim.

Türkiye'ye bir günlüğüne bile gidemiyordum. Gitsem havaalanından direkt askere alınacaktım. Kararımı vermiştim. 31 Ocak'ta hiçbir takımla anlaşamazsam, futbolu bırakma kararı alıp, 1 Şubat'ta askere gidecektim. Altı ay futbol oynamadan yurtdışında yaşayıp bir sonraki sezonu beklemenin ne benim planlarıma ne hedeflerime bir etkisi olacaktı. Benim tek derdim futbol oynamak ve 2008 Avrupa Şampiyonası'na katılmaktı. Askerden kaçmak için yurtdışında değildim. O yüzden 31 Ocak'ı kendime son tarih olarak koydum. Hep dediğim gibi kadere inanan biriyim ben.

Benim kaderimde hem Beşiktaş'ta hem Fenerbahçe'de oynamak olduğu gibi Milano'da çekilen yaklaşık bir aylık süreç ve sonrasında Avrupa Şampiyonası üçüncülüğü madalyasını almak varmış.

Larisa transferi

Milano'da geçirdiğim günlerde birçok kulüple görüşmemize rağmen 25 Ocak 2008 akşamına kadar hiçbir takımdan resmi bir teklif almadım. Son bir haftamdı artık. Tarif edemeyeceğim bir psikolojideydim. Ömer'le yemekteyken Tarık Abi aradı, "Yunanistan'a gider misin?" dedi. "Hangi takım?" dedim. "Larisa" dedi. Yunanistan deyince aklıma gelen birkaç takım vardı. Panathinaikos, Olympiakos, AEK, bir de PAOK... Dolayısıyla ilk tepkim, "Larisa neresi?"

Larisa kulübü başkanıyla imza gününden...

oldu. Ertesi güne kadar Larisa'yı araştırmak için zaman istedim. Biraz araştırdım ve köklü bir kulüp olduğunu gördüm. Şehre baktım, deniz yok. Tarık Abi'yi aradım, "Abi deniz yok burada" dedim. "Tümer zamanımız daralıyor, başka seçeneğimiz yok şu anda" dedi. Gerçekten de zamanım yoktu artık. Ara transfer döneminin bitmesine bir hafta kalmıştı ve ilk resmi teklifimizi almıştık. Benim dert ettiğim konu ise Larisa'da deniz olmamasıydı!

27 Ocak 2008'de, ben Milano'dan, menajerim de Ankara'dan Atina'ya uçtuk. Tarık Abi'nin görüşmeyi yaptığı menajer Lefteris, Lirakis ve Piladakis'le Atina'da havaalanında buluştuk.

Bize Atina Eleftherios Venizelos Havaalanı'nın içerisindeki Sofitel Hotel'de oda ayarlamışlardı. Odalarımıza yerleştikten sonra transfer görüşmesi için tekrar buluştuk. Benim İngilizcem olmadığı için bütün sohbeti ve görüşmeyi Tarık Abi yaptı. Ben transfer görüşmesi sırasında zaten odada değildim. Sonrasında onlara katıldım. Tarık Abi aramızda çevirmenlik yaptı. Milano'da Ömer, Burak ve Alican hep yanımda olduklarından, neredeyse bir ay kalmama rağmen İngilizce eksikliğini hiç hissetmedim. Atina'da, o ilk transfer görüşmesini yaparken ilk kez dil bilmemenin rahatsızlığını hissettim. "Ben neden bu İngilizceyi bilmiyorum. Neden bugüne kadar İngilizce öğrenmedim ki?" diye söylendim kendi kendime.

Larisa'yla her konuda anlaştıktan sonra imza atmamı istediler. Ben öncelikle Larisa'yı görmek istedim. Atina'ya iki saat uzakta olduğunu söylediler. O zaman şehri görüp ondan sonra imzayı orada atacağımı söyledim. O gece otelde kaldık. Ertesi günü Larisa'ya gittik hep beraber. Bizim Larisa'ya gittiğimiz gün, ben henüz daha imzayı atmamışken, bir gün önce havaalanında bizi karşılayan basın transfer haberimi yapmıştı bile. Her yerde benim Larisa'yla anlaştığım haberleri çıkmıştı.

Larisa'ya vardığımızda akşamüstüydü. Kısa bir şehir turu attıktan sonra kabul ettim teklifi. Kulüp başkanının otelinde imzayı attım. Ertesi günü de antrenman öncesi bir imza töreni yapıp, sonrasında antrenmana çıkacaktım.

Ben Zonguldak doğumluyum. 20'li yaşlarıma kadar Zonguldak'ta yaşadım. Sonrasında da Samsun ve İstanbul'da... Hayatımda hep deniz oldu benim. İlk kez deniz olmayan bir şehirde yaşayacaktım. İlk izlenim olarak Larisa şehrinden çok hoşlanmadım ama başka da seçeneğim yoktu. Altı ay burada oynayacak, kendimi Avrupa Şampiyonası'na hazırlayacaktım. Sonrasında ne yapacağıma şampiyonadan sonra karar verecektim.

İlk basın toplantısında söylediğim söz Larisa tribünlerine pankart oldu.

Ertesi günü antrenman öncesi basın toplantısıyla imza töreni yapıldı. İki saat sonra da yeni takımımla ilk antrenmana çıktım. Büyük hayal kırıklığıydı benim için! Beşiktaş, Fenerbahçe, Samsunspor, hatta Zonguldakspor'un tesis ve antrenman şartları çok daha iyiydi. Ama sonra sonra gittiğimiz deplasmanlarda diğer takımların tesislerini de gördüğümde anladım. Yunanistan'da tesisler görüntüden çok, hizmete yönelikti. Türkiye'deki gibi büyük, şık, dışarıdan bakınca çok lüks görünen tesisler yerine daha kullanışlı pratik tesisleri vardı. Larisa'da çok mütevazı bir soyunma odamız vardı. Ama her şey yerli yerinde, düzenli ve pratikti. Soyunma odasına ayakkabıyla girilmezdi mesela. Girişte bir ayakkabı havuzu vardı, orada ayakkabıları temizler, çıkartır dolaplara koyardık. Duşlar, tedavi odası, soyunma odası...vs. her şey yan yana ve kolay ulaşılabilirdi.

Larisa transferimden 15 gün sonra Lig TV'den Ömer Güvenç röportaj yapmak için beni ziyarete geldi. Tesisleri ve şehri gördüğünde Ömer Abi de, "Tümer ne yapacaksın burada? Nasıl mutlu olacaksın? Nasıl yaşayacaksın bu şehirde?" dedi. O anki hissiyatımla ona da, "Ben daha önce gördüğüm şartları burada ararsam ve beklersem ne mutlu ne de başarılı olabilirim. Beni şu anda ayakta tutan, motive ve mutlu eden tek şey, hedefime gidecek yolu bulmuş olmam. O da 2008 Avrupa Şampiyonası..." dedim.

Şu bir gerçek ki; bugünden baktığımda iyi ki askerlik sorunu yaşamışım, iyi ki bu sayede Yunanistan'da dört yıl futbol oynama şansı yakalamışım diyorum. Hiç şüphesiz önümde bir Avrupa Şampiyonası hedefi olmasa asla sadece futbol oynamak için Larisa'ya gitmezdim. Muhtemelen futbolu bırakıp askere giderdim. Ama altı ay sonra oynanacak Avrupa Şampiyonası hedefi; Larisa'ya gitmemi ve birçok şeyi olduğu gibi kabul edip, orada yaşamamı sağladı. Bu altı aylık deneyim bana sadece Avrupa Şampiyonası'nda oynama yolunu açmakla kalmadı. Tek başıma ayakta kalmamı, yaşamayı, İngilizce öğrenmemi, artık gerekirse dünyanın her yerinde gidip futbol oynayabilecek özgüveni (yaşam, kültüre adaptasyon, dil problemi vs. anlamında) sağladı.

O güzel altı ay sayesinde 2008 Avrupa Şampiyonası sonrası tekrar yurtdışına çıkmak kararını isteyerek ve kolayca alabildim.

İlk antrenman, takımla tanışma ve adaptasyon

Larisa'ya gitmeden önce biraz takımla ilgili araştırma yapmıştım ama yine de çok az bilgim vardı. Ben ve Tarık Abi antrenman sahasına gittikten sonra takım oyuncuları yavaş yavaş gelmeye başladı. Benim Yunanistan'da oynadığım süre boyunca son sezon hariç takım içinde konuşulan dil hep İngilizceydi. Yunan oyuncular da İngilizce bildiği için sorun yoktu. Bu benim takım içinde adaptasyon süremi kısalttı. Her ne kadar ilk gittiğimde İngilizcem olmasa da, en azından bir kulak alışkanlığım vardı. Kelimelerden hocanın ya da takım arkadaşlarımın ne demek istediklerini anlayabiliyordum. Hoca Yunanca konuşuyor; tercüman İngilizceye çeviriyordu. Aynı sözleri hem Yunanca hem İngilizce duymak, iki dili de kavramam da çok yardımcı oldu. Yanımda sürekli bir dijital sözlük de taşıyordum.

Duyduğum her yeni kelimenin anlamına bakıyor, ezberliyor, hiç unutmuyor, mutlaka kullanıyordum. Grameri öğrenmem uzun sürse de kısa sürede kelime haznemi inanılmaz geliştirdim. Hiç çekinmeden kelimeleri arka arkaya sıralayarak derdimi anlatmaya çalışıyordum. Hiç bilmeden doğrudan denize atlayarak yüzmeyi öğrenmek gibi İngilizce öğrenmeye başladım. Birkaç ayda derdimi anlatacak, sosyal hayata karışacak kadar da ilerlettim.

İlk antrenman gününde seyircinin ilgisi de çoktu, antrenman sahasını doldurmuşlardı. Takıma iyi bir yabancının gelmesinden dolayı pozitif tepkileri vardı. Ama Yunanistan'la tarihimizden dolayı arada hissedilen bir soğukluk da vardı. Yüzde 100 iyi ve olumlu değildi her şey. Mesela Larisa'ya gittiğimiz günün ertesi günü antrenman yolunun üstüne Yunanca "Evine dön ....Türk" diye yazmışlardı. Ben yerde bir yazı görüyordum ama ne anlama geldiğini anlamıyordum. Sonradan öğrendim ne yazıldığını. O yazı bir hafta kadar kaldı yerde. İlk maçı oynadıktan sonra seyircinin gönlünü aldım sanırım; ki yazı maç sonrası silindi oradan.

Takımın oyuncuları dışında teknik kadro ve çalışanlarla da ilk gün bir tanışma faslımız oldu. Soyunma odasına ilk girdiğimde takımın malzemecisi Hristo'yla karşılaştım. Larisa'da geçirdiğim üç buçuk yılda bana çok yardımcı oldu sağ olsun. Babam gibiydi. Kendisi takım içinde çok önemli bir isimdi. Tek kelime İngilizce bilmez, anadili Yunancayı bile yarım yamalak konuşurdu. Süleyman Seba Beşiktaş camiası için ne kadar değerliyse, Hristo da o kadar önemliydi Larisa için. Larisa 1964 yılında kurulmuş bir kulüp ve Hristo o tarihten beri kulübün içinde olan bir isimdi. Bütün başkanları, oyuncuları, kulüp tarihinde kazanılan tek şampiyonluğu vs. görmüş, epey yaşlı ama bir o kadar da dinç ve sağlıklıydı.

Futbolda bazı âdetler vardır bilirim. Larisa'da da vardı. Yeni gelen oyuncu ilk gün antrenman malzemelerini teslim alırken malzemeciye para verir. Yunan menajer Tarık Abi'ye bu âdeti söylemiş, o da bana söyledi. Larisa ekonomik anlamda çok düşük bütçeli bir kulüp. Mazisi olan köklü bir kulüp olmasına rağmen, futbolcular da özellikle Türkiye'yle karşılaştırılmayacak kadar az paralara oynuyorlar. Benden önce gelen yeni transferler, 10 euro civarı vermişler, bilmiyordum. Ben ne kadar verilmesi gerektiğini bilmeden 100 euro verince bir anda Hristo'nun bir numaralı adamı oldum ilk günden.

Panu

Hristo'dan antrenman malzemelerimi aldıktan sonra giyinip antrenmana çıktım. Takım halinde bir konuşma yapıldı. Menajerler beni tanıttılar. Herkes sıcak bir şekilde hoş geldin dedi. Antrenmana başladık. Ben hâlâ şaşkın ve heyecanlıydım. Yeni bir takımın içine gelmiştim, kimseyi tanımıyordum. Toplantıda isimler söylendi ama kimsenin adı aklımda kalmadı.

Yunan isimlerin zaten söylenmesi de, akılda kalması da çok zordu. Antrenmanda hem misafir gözlerle etrafı izliyor hem de hareketleri yapmaya çalışıyordum. İkili egzersiz sırasında biriyle eşleştim ve hiç konuşmadan hareketleri beraber yaptık. O gün Panu'nun ne adını biliyordum ne de bir sohbetimiz oldu. Ama o isim zaman içinde benim Yunanistan'da edindiğim en iyi arkadaşlarımdan biri oldu.

O ilk antrenman gününü ve onunla eşleştiğimi hayal meyal hatırlıyorum. Daha sonraları o gün antrenmandan çekilmiş fotolara bakınca yanımdakinin Panu olduğunu hatırladım. Panu Larisa'da oynadığım süre boyunca oda arkadaşımdı. Birlikte çok güzel anılarımız oldu. Eşiyle çocuğuyla evlerini açtılar bana. Her gün birlikte kahve içtik. Hem her şeyi konuşur hem de konuşmadan bile birbirimizi anlar hale geldik.

Costas

İlk antrenman sonrası kulübün fizyoterapisti Costas'la da tanıştım. Costas da Yunanistan'da edindiğim ve ne olursa olsun hiçbir zaman iletişimimizin kopmayacağına inandığım birkaç arkadaşımdan biri oldu üç buçuk yılda. Benden üç yaş büyüktü. İlk tanışmamızı hayal meyal hatırlıyorum. Antrenmandan sonra tanışmıştık. Daha sonra Costas, kendi gözünden ilk tanışmamızı anlattı. Takımın fizyoterapisti olarak gelip benden kondisyonumla ilgili bilgi alması gerekiyormuş. Bana doğru yürürken, ben çok ciddi ve suratsız bakıyormuşum. Costas kökten Yunan ve çok sıkı milliyetçidir. Yanıma gelip, "Hoş geldin! Nasılsın? Bir şeye ihtiyacın var mı?" diye sormuş. Ben kısa cevaplar vermişim, gülümsememişim bile. Costas yanındaki birisine dönüp Yunanca küfürlü bir şekilde, "Sezon bitmeden ya ben onu keserim, ya o beni keser" demiş. Bana kendi gözünden anlattığında ilk tanışmamızı çok güldüm. Hatırlamıyorum bile anlattıklarını. Ben heyecandan, dil bilmemekten, şaşkınlıktan farkında bile değildim hiçbir şeyin. Daha sonraları kardeşim kadar yakın oldu bana. Her gün mutlaka 10 dakikalığına da olsa görüşürdük. Ailesi ailem gibi oldu.

Stefanos

Stefanos Larisa takımının kalecisiydi. Çok iyi İngilizcesi vardı. Özelikle Larisa'daki ilk dönemimde İngilizce öğrenmeme çok yardımcı oldu. Yeni şehre, takıma kısa sürede adapte olmamda destek oldu. Mayısın ilk haftası liglerin bitmesiyle Larisa'dan ayrılıp, Türkiye'ye döndüğümde beni havaalanına bıraktı. Vedalaşırken bana aksanlı bir şekilde, "Kardeşim" diye sarılmasıyla ikimizin de gözleri doldu. Beş aylık bir zamanda çok yakın iki arkadaş olmuştuk. Ben bir daha Larisa'ya dönecek miyim, dönsem de bir daha aynı takımda birlikte oynar mıyız bilmiyorduk ama birbirimizi illa görecek, görüşecektik. Bugün hâlâ birbirimizden kopmadık. Hâlâ görüşüyoruz.

Larisa'da geçirdiğim süre boyunca üç kişi çok önemli yer tuttu hayatımda: Panu, Costas ve Stefanos... İnsanın kendi dilini konuşmadığı, kendi kültüründen gelmeyen birileriyle bu kadar yakın olabileceğini söyleseler inanmazdım. Ama ben yaşadım. Panu, Costa ve Stefanos, Yunanistan'ı da, geçirdiğim yaklaşık dört yılımı da daha güzel kıldılar. Bana evlerini açtılar. Aileleri ailem oldu. Kendimi yalnız hissetmememi sağladılar.

Yeni şehre ve takıma adapte olmamda, günlerimin daha güzel geçmesinde çok önemli yer tutuyorlar. Onlar olmadan, onlarla yaşadığım arkadaşlık olmadan üç buçuk yıl tek başıma geçmezdi. Mutsuz olurdum, dayanamazdım!

Otel-tesis arasında...

Tarık Abi ilk antrenman günümün ertesi günü, sabah benimle vedalaşıp Türkiye'ye döndü. Onun ayrılmasıyla, daha sonra bir yıl yaşayacağım otelde yapayalnız kaldım. Bir gün önce Larisa'daki ilk günümüzde otel-tesis arasındaki yolu öğrenmiştim. Kulüp araba da vermişti bana. Ayrıca yön bulma konusunda iyiyimdir. Bir yoldan bir defa geçersem ikinci defa hemen bulurum. Tarık Abi sabah 10.30 gibi ayrıldı. Tarık Abi'yi yolcu ettikten sonra odama çıktım. Akşam saat 6'da antrenman vardı. Saat 1 gibi acıktım, bir şeyler sipariş vermek istedim. Mönüde bildiğim ve anladığım, sipariş edebileceğim tek şey "club sandviç"ti. Onu sipariş etsem de, "İçinde domuz eti olmasın" nasıl derim bilmiyordum. Milano'da kendime aldığım ve yanımdan ayırmadığım bir elektronik sözlüğüm vardı. Ona bakıp oda servisini aradım. Maalesef telefona çıkan kişi İngilizce bilmiyordu. Derdimi anlatamadan kapattım telefonu sinirle ve aşağıya indim. Tarık Abi'yi aradım, hâlâ yoldaydı. Otelle görüşüp benim için öğle ve akşam yemeklerini sipariş etti. Ayrıca domuz eti yemediğimi, bundan sonra bana sadece tavuk mu, et mi diye sormalarını istedi. Yanına makarna ya da kola istersem onları sipariş etmemde bir problem yoktu zaten. Böylece yemek sorunumu da kökten halletmiş olduk. Yemeğimi yedim, antrenmana gittim. Akşam otele döndüğümde yemeğim hazırdı. Bir şekilde organize etmiştim hayatımı. Zaten hayatım otel-tesis arasında geçiyordu.

Larisa bir önceki sezon Yunanistan Kupası finali oynamış, lig şampiyonluğu ile kupayı aynı takım aldığı için de final oynayan takım olarak Avrupa Kupası'na gitmeye hak kazanmış. Dolayısıyla sezon başında hem lige hem Avrupa Kupası'na başlamış takım. Ama gruptan çıkamamış ve elenmişler. Ben sezon ortasında gittiğimde takımın ligdeki durumu da çok iyi değildi ama lig üçüncüsüyle arada altı puan vardı. Takımların puanları birbirine çok yakındı. Hâlâ ligde üst sıralara çıkmak için şansları vardı.

İlk antrenman sonrası hocayla yaptığım toplantıda, fiziki kondisyon durumumu sormuştu. Fenerbahçe'de ilk yarı bütün maçlarda oynamıştım. Ama Milano'daki süreçten dolayı bir aylık bir boşluğum vardı. Milano'da bir gün bile spor salonuna gitmemiştim. Hocaya da durumu anlattım.

Ben Larisa'ya gittiğimde ligde ikinci yarı başlamıştı. İlk antrenman günüm salıydı. Hafta sonu maçımız vardı. İlk üç gün sadece koşu yaparak geçti. Cuma günü takımla birlikte biraz top oynadım. Cumartesi takım kampa girdi. Hoca beni de kampa dahil etti. Pazar günü AEK maçımız vardı. Çok önemliydi.

Bu arada geleli henüz daha beş altı gün olmasına rağmen duyduğum her kelimeyi hemen kapıyor ve kullanıyordum. Elektronik sözlüğümü yanımdan ayırmadan sürekli kelimelere bakıyor ve insanlarla kelimelerle bir şekilde anlaşıyordum. Önce söylemek istediğimi kendim kafamda tekrarlıyor sonra söylüyordum. Benim ne demek istediğimi anlıyorlardı ama yanlış söylediğim kelime ya da cümleyi de hemen düzeltiyorlardı. Onların düzelttiği şeklini de hemen ezberliyordum.

Ayrıca her ne kadar dilini bilmesem de, günlük konularda rahat konuşamasam derdimi anlatamasam da, antrenmana ya da maça çıkınca her şeyi unutuyordum.

O topun peşindeki dil, dünyanın her yerinde aynıydı!

Milano'da oldukça kötü geçirdiğim 26 günden sonra ilk antrenmana gününden ilk maça kadar, otelden antrenman dışında hiç çıkmadan, kahve içmeye bile gitmeden vücudumu hazırlamaya çalıştım. Hocaya da bir aydır antrenman yapmadığımı ama pazar günü 15-20 dakika oynayabileceğimi, bir sonraki hafta daha da hazır olacağımı söylemiştim.

Benim hayatımda unutmayacağım iki İngilizce kelime ve o kelimeleri ilk öğrendiğim an var. Bunlardan biri *deserve* (hak etmek), diğeri *exciting* (heyecanlı)... AEK maçı öncesi soyunma odasında giyinirken Hoca bana "Are you excited?" diye sordu. O an anlayamadım ve cevap veremedim. Takım sahaya çıktığında hemen yanımdan hiç ayırmadığım elektronik sözlüğe baktım. Sahaya çıktım. Kulübeye hocanın yanına gidip sorusuna gecikmeli de olsa cevap verdim: "No, I am not!"

Hayatımda oynadığım ilk ve zor maçlarda hep benim lehime güzel şeyler olmuştur. AEK maçı da Larisa formasıyla ilk maçımdı ve Larisa için çok önemli bir derbiydi. Maça ilk 11'de başlamadım. Yedekler arasındaydım. Seyircinin bana nasıl tepki vereceğini bilemediğimden biraz tedirgindim kenarda. 70. dakikada maç 0-0 iken oyuna girdim. Yaptığım çok güzel bir asistle takım 1-0 maçı; ben de ilk maçtan seyirciyi kazandım.

Golden sonra beni şaşırtan bir olay oldu. Gol sevincinde sahanın içine seyirciler girdi, birkaç dakika sonra da kendiliklerinden çıktılar. Maç sonunda yine sahaya girdiler. Orada normal bir durummuş; ben alışık olmadığım için epey şaşırdım.

Oynadığım ilk maçı kazanmıştık, sonraki maç evimizdeydi. Ben antrenman-otel arası mekik dokuyor, bir yandan da sınava hazırlanan öğrenciler gibi elimde İngilizce öğrenme kitapları ve sözlükle İngilizce çalışıyordum. Hiç dışarı çıkmıyordum. En fazla otelin lobisine kahve içmeye iniyordum. Kalan vaktim odada geçiyordu. Sıkılınca yanımda götürdüğüm DVD'leri izliyordum.

İkinci maç yine ilk 11'de başlamadım. 45. dakikada oyuna girdim. Maçı benim golümle yine 1-0 kazandık. Böylece hem kendimi iyice ispatlamış oldum hem de seyirciyle aramızda daha ilk haftalardan çok iyi bir ilişki başladı.

Maçtan sonra önce Metin Tekin tebrik etmek için aradı. Ardından da Fatih Hoca durumumu sormak için aradı. Bir amaç uğruna oradaydım. O yüzden hem fiziksel hem de mental olarak konsantrasyonum çok iyiydi. Hoca da, telefonda çok güzel şeyler söyleyerek beni daha da motive etti.

Larisa'daki ikinci haftamdan sonra milli takımın Belarus'la hazırlık maçı vardı. Avrupa Şampiyonası'ndan önceki son hazırlık maçıydı. Milli takım toplanacaktı ve benim çağırılıp çağırılmayacağım belli değildi. İlk kez çizgimin dışına çıkıp bir şey yaptım. Önce Milano, sonra Larisa, yaklaşık 45 gündür Türkiye'den uzaktayım. Metin Hoca aradığında kötü bir süreçten geçtiğimi, kafalarında olduğumu ama hazırlık maçı için çağırmayacaklarını söyledi. Ben de bunun üstüne hayatımda ilk kez, hiç yapmayacağım bir şeyi yaptım. Metin Hoca'ya, "Hocam 45 gündür ülkemden ayrıyım, oynamasam da en azından beni milli takıma çağırır mısınız? Bir iki günlüğüne de olsa ülkeme geleyim, ailemi göreyim o kampta olup sizlerle hasret gidereyim" dedim. Bütün kariyerim boyunca istediğim, ayrımcılıksa ayrımcılık denebilecek tek iyilik budur. Bu isteğimin üstüne Fatih Hoca aradı, "Tamam oğlum" de-

Larisa formasıyla bir maçtan etkileyici bir görüntü.

di ve sağolsun beni milli takıma çağırdı.

Türkiye'ye geldim ve milli takım kampına girdim. Evime hiç gitmedim. Otelde takımla birlikte kaldım. Cansu geldi, annem babam, Hande, Reşat Ali, ailem otele beni görmeye geldi. Hepsiyle hasret giderdim. Çok mutlu oldum. İlk gece otelde kaldık. Ertesi günü Belarus'a gittik. O maçta oynadım ve golümü de attım. Hatta o gol benim milli takım formasıyla attığım son gol oldu!

Yurtdışında oynayan oyuncular için kendi milli takımlarından davet almak çok özel bir duygudur. Ben Larisa'da oynarken davet aldım. Oradan ülkeme, milli takıma gelmek daha da özeldi benim için.

Belarus maçından sonra Larisa'ya döndüğümde ailemi görüp onlarla hasret gidermenin, milli takım hazırlık maçında oynayıp gol atmanın ve hedefim olan 2008 Avrupa Şampiyonası'na bir adım daha yaklaşmanın verdiği motivasyonla ve takıma yapılan takviyelerle sezonun geri kalanını çok iyi geçirdim.

O sezon Larisa ligi altıncı sırada tamamladı. İlk beşe girebilseydik play-off oynayacaktık. Maalesef olmadı ama yine de çok başarılı bir sezon oldu.

9

Milli Takım-2008 Avrupa Şampiyonası

If a person dedicates himself for a cause God will take an action!

Ocak 2008'de Larisa'ya gittiğimde önümde tek bir hedef vardı: 6 ay sonraki 2008 Avrupa Şampiyonası'na katılacak milli takımın kadrosunda yer almak, o deneyimi yaşamak... Çocukluk hayalim çubuklu formayı giymek, hem Beşiktaş hem Fenerbahçe'de 100. yıl şampiyonlukları yaşamak gibi; sahip olduğum ve hiçbir ölçü birimiyle ölçemeyeceğim değerde anı ve deneyimlere Avrupa Şampiyonası'nı da eklemek istiyordum. Son virajda kaçan 2004 Avrupa ve 2006 Dünya Kupası Şampiyonası'ndan sonra kapandı sandığım kapının Fatih Hoca sayesinde tekrar açılmasıyla 2008 Avrupa Şampiyonası kadrosunda yer alma şansım vardı.

Bu motivasyonla Larisa'da geçirdiğim 10-12 maçlık periyotta çok iyi oynadım. Metin Tekin ve Fatih Terim'in de benim performansımı takip ettiklerini biliyordum. Gurbet özlemini de, aile özlemini de çekilebilir kılan tek şey bu şampiyonaydı benim için.

Yunanistan'da ligin mayıs ayında bitmesiyle birlikte geri döndüm. Türkiye'de bitime birkaç hafta daha vardı. O boşlukta, şampiyona öncesi fiziksel olarak diğer oyunculardan geri kalmamak için bir hafta Fenerbahçe'yle antrenmanlara çıktım. Zaten Fenerbahçe'den kiralık gitmiştim. Aslen hâlâ Fenerbahçe'nin oyuncusuydum. Birkaç hafta sonra Türkiye'de de ligler bitti. Kısa bir süre sonra da, geniş milli takım kadrosu Antalya'da ailelerle kampa girdi. Ben de o kadrodaydım.

Ailelerle yaptığımız o kamp hepimiz için çok keyifli geçti. Gergin biten ligin havasını dağıtmak, kaynaşmak adına çok iyi oldu. 2008 Avrupa Şampiyonası'ndaki kadronun içinde yer alan oyuncular olarak bugün bile bir yerde bir araya geldiğimizde keyifle anlattığımız yaşanan güzel an ve anıların temeli o kampta sağlanan arkadaşlık ortamıyla atıldı. Hepimiz henüz kimin turnuva kadrosunda olacağını bilmememize, hepimizin birkaç hafta içinde takımdan ayrılma ihtimali olmasına karşın, belki de birbirimizin gizli rakibi olmamıza rağmen aramızda ne bir kıskançlık ne bir mesafe ne de bir gerginlik vardı. Sonuçta her ne kadar hoca tercihi olsa da; birimizin seçilmesi diğerimizin kamptan ayrılmasına neden olacaktı. Ama bütün bu durumun aksine hepimiz aynı amaca hizmet için orada olduğumuzun bilinciyle, birbirimizle sonsuz bir dayanışma içerisindeydik.

Antalya kampına dair hatırladığım en keyifli anılardan birisi üçe-üç yaptığımız bir ayak tenisi maçıdır. Bizim takımda ben, Emre Belözoğlu ve Tuncay Şanlı; rakip takımda da Fatih Terim, Oğuz Çetin ve Metin Tekin vardı. Biz rakibimizi fiziksel avantajımızla rahat yeneceğimizi düşünürken kötü bir şekilde yenildik.

Yenilgi sonunda Fatih Terim galibiyet sevinciyle bizimle şakalaşırken "Tuncay'lı hiçbir takım ayak tenisinde galip gelemez ama Tuncay'lı milli takım Avrupa Şampiyonası'nda final oynayabilir/ kazanabilir" dedi. Bu söz, Fatih Hoca'nın şakayla karışık bize sataşırken söylediği bu söz, aslında çok daha derin bir anlam içeriyordu benim için.

Daha kampın başında olmamıza rağmen Fatih Hoca'nın bize ve milli takıma olan güven ve inancının en güzel örneğiydi çünkü.

O başarının tesadüfi bir başarı olmadığının kanıtıydı o söz çünkü.

Milli takımda 11 numara

Bir haftaya yakın süren Antalya kampında, kadroya seçilme durumunda kimin hangi forma numarasını istediği soruldu. Ben daha önceki milli maçlarda hep 11 numarayı giydiğimden ve bilindiğinden bana sorulmadı. Hasan Şaş'ın kadroda olduğu maçlar dışında, milli takımda da, oynadığım takımlarda olduğu gibi hep 11 numara giydim.

Antalya'da ailelerle geçen kampın devamında Almanya Biefeld'e gittik. Yine geniş kadroyduk ve o kadrodan üç kişi maalesef dışarıda kalacaktı. Ama hiçbirimiz için önemli değildi.

Milli takım çok başka bir yerdir çünkü. O takımın en geniş kadrosunda olmak bile zaten ülkenin en iyileri arasında olmak demektir. Büyük bir gururdur. Her oyuncunun kendi takımlarındaki performanslarının en büyük karşılığıdır milli takıma seçilmek. Öte yandan da şöyle bir gerçek vardır: Milli takımda yer alıp alamamak sonuçta milli takım hocasının tercihidir. Bu tercihe saygı duymak gerekir. Hoca her zaman kendi takımında iyi performans gösteren oyuncuyu tercih etmeyebilir. Anlaştığı, güvendiği, inandığı oyuncuları tercih edebilir.

Bununla birlikte milli takım başarısında hoca-oyuncu ilişkisi de çok önemlidir. Sadece hocanın ya da oyuncuların bireysel olarak iyi olmaları takım olmak ve milli takım başarısı demek değildir. Milli takımın başarılı olduğu dönemlere bakılırsa, hem takım içinde oyuncuların kendi aralarında, hem de oyuncu, hoca ve teknik kadro arasında tam uyumun olduğu dönemlerdir.

Ayrıca tecrübeye sabittir ki; bazı futbolcuların kulüpleriyle milli takım performansları değişkenlik gösterebilir!

Sevinç ve hüzün

Fatih Terim'in 24 kişilik kadrosunun açıklanmasına yakın günlerde, spor basınının yaptığı alternatif listelerde ben yoktum. Nedense beni hiç tercih etmiyordu gazeteciler. Sanırım futbol kariyerim boyunca basınla aramdaki sıkıntıların en temelinde "basının beni bir yere koyamaması" vardı. Ne başarılı ne başarısız, ne yetenekli ne yeteneksiz bir oyuncu olabildim onlar için. En başarılı olduğum dönemde bile mutlaka hakkımda eleştirecek negatif bir şey buldular. Basının kendi arasında da köşelerinde de yaptığı değerlendirmelerin hemen hiçbirinde benim adım milli takım kadrosunda yoktu.

Bense için için; hem Larisa ve grup eleme maçlarında gösterdiğim performans, hem Fatih Hoca'nın bana olan inancını bilmemden, hem de içgüdüsel olarak o kadronun içinde olacağıma inanıyordum.

Sonunda 24 kişilik kadro açıklandığında adım "seçilmiş" futbolcular arasındaydı. O an hissettiğim sevinç ve mutluluk, kısa sürede dışarıda kalan arkadaşlarımız için hüzne dönüştü. Birlikte geçirdiğimiz uzun kamp döneminden sonra duygusal anlardı o arkadaşlarımızın kamptan ayrılması. Ama dediğim gibi hoca tercihiydi.

* * *

Fatih Terim'i diğer hocalardan ayıran lider özelliklerinden biri oyuncuları çok iyi motive etmesiydi. Bize hep bizim seçilmiş olduğumuzu, bu ülkenin en iyi oyuncuları arasından seçildiğimizi hissettirirdi. Hocanın bize maçlardan önce hep söylediği bir şey vardı: "Öncelikle oynadığımız oyundan keyif alacağız. Birçoğunuzun son turnuvası ve iz bırakacağız bu turnuvada!" Ve evet her zamanki gibi haklı çıktı Fatih Hoca. Biz turnuvada iz bıraktık, turnuva da bizim hayatlarımızda derin izler bıraktı.

Şampiyona süresince her şey kusursuz ve dört dörtlüktü. Kaldığımız otelden yediğimiz yemeklere, antrenman ve kamp programlarımızdan maç günü stata gidişimize, hatta ve hatta tünelden geçip sahaya çıkışımıza kadar hiçbir aksaklık olmadan her şey en ince ayrıntısına kadar mükemmel organize edilmişti. Kafamız sahada futbol oynamak dışında hiçbir şeye takılmıyordu.

Zaten biz daha önceki milli takım kamplarımızdan alışıktık kusursuz ve programlı ortamlara... Fatih Terim'in felsefelerinden biriydi mükemmellik. Şuna inanırdı Fatih Hoca: "Milli takım demek ülkenin en iyilerinin arasından seçilmiş oyuncuların takımı demektir. O yüzden en iyi otelde kalmalı, en iyi tesiste antrenman yapmalı, en iyi takım elbiseyi giymeli, en iyi şartlarda kamp yapmalı... Ve bunun karşılığında da işini en iyi şekilde yaparak, yaptığı işten keyif alarak, görev bilinciyle, ülkeyi en iyi şekilde temsil etmeli!"

Bu felsefeyle başta Fatih Hoca ve o dönem Milli Takım Sportif Direktörü olan Şükrü Hanedar sayesinde, çok güzel bir kamp dönemi geçirmiştik. Şampiyona başladığı andan itibaren de turnuvanın organizasyonu mükemmeldi. Havamız, motivasyonumuz, gücümüz, kuvvetimiz her şeyimiz yerli yerindeydi!

İlk maç Portekiz

Turnuvaya Portekiz maçıyla başladık ve maçı 0-2 kaybettik. Turnuvada oynadığımız en kötü maç, o maç oldu. Bunun en önemli sebeplerinden biri, birçoğumuzun ilk turnuvası olmasıydı sanırım. Çoğumuzun daha önceden milli takım deneyimi, kendi takımlarında UEFA, Şampiyonlar Ligi deneyimleri vardı elbet. Ama o turnuva ortamı çok başka heyecanlar yarattı hepimizde. Mesela soyunma odalarıyla sahanın arasındaki alanda ısınma hareketleri yaparken yanımızda C. Ronaldo'nun ya da diğer Portekizli oyuncuların ısınması bizim heyecanımızı daha da artırdı. O ortam ve o atmosfer içinde "Evet ya, biz Avrupa Şampiyonasındayız" diyene kadar o 90 dakika bitti ve biz maçı kaybettik. Turnuvaya gelmiştik belki ama o 90 dakikada gördük ki; gelememiştik henüz sahaya!

Uzun kamp dönemi sonrasında takım olarak hazır olmamıza rağmen ilk maçta üzerimizdeki heyecanı atamadık. Dolayısıyla ilk maç o heyecanla belki de kendimiz gibi oynayamadık, kötü oynadık ve kaybettik. Fatih Hoca da maç sonundaki eleştirisinde bize; "Bu benim takımım değil! Siz bugün sahada yoktunuz! Neredeydiniz? Kafanız neredeydi? Evet kaybedebiliriz ama kaybederken de bizden bir şeyler gösterelim. Bizim kim olduğumuzu gösterelim. Sizin potansiyeliniz bu değil!" dedi. Fatih Hoca'nın bu sözleri uyanmamızı sağlayarak hepimizi kendine getirdi.

İsviçre maçı

İlk maçta ben kadrodaydım ama hiç oynamadım. İkinci maçı İsviçre'yle oynayacaktık. İlk maçta Emre Belözoğlu'nun sakatlanması üzerine, Fatih Hoca İsviçre maçına benimle başlayacağını söyledi. Antrenmanda yaşadığım küçük bir sakatlıktan dolayı kasığımda hafif bir ağrı vardı. Ama maçta idare edebileceğim bir ağrıydı. Milli takım doktoru Cengiz Dinç'le de görüştüm. Herhangi bir iğne veya tedavi yapılmadı. Çekemeyeceğim bir ağrı değildi sonuçta. Sadece kafamın bir yerinde ağrıya takılmıştım ister istemez.

İsviçre maçının oynandığı gün ısınmak için sahaya çıktığımızda hava güneşliydi. Sonrasında maça başlamak için sahaya çıktığımızda birden bardaktan boşanırcasına yağmur yağmaya başladı. Çok etkili bir yağmurdu. Normalde yağmurlu hava ve zemini çok seven, Samsunspor'da "yağmur adam" lakabıyla oynamış bir oyuncu olarak, o yağmurun beni olumlu yönde etkilemesi gerekirken, sakatlığımdan dolayı ağırlaşan zemin beni kötü etkiledi. İki üç pozisyonda kendimi çok zorladım.

Sonrasında hem saha içinde ağrım arttı hem de o zemin Fatih Hoca'nın bir gece önce bana anlattığı ve benden beklediği oyunu oynamam için uygun değildi. İlk yarı bitiminde soyunma odasına girdiğimizde daha sakatlığımı ifade edemeden zaten Fatih Hoca da benim değişiklik kararımı vermişti. O maç benim turnuvadaki son maçım oldu. O sakatlık da benim futbol hayatımdaki en büyük sakatlık oldu. O şampiyona dönüşünde altı ay futbol oynayamadım! Takım ikinci yarıya çıktığında yağmur bıçak gibi kesilmiş, futbol oynamaya elverişli hava geri dönmüştü.

Sanki yağmur, kaderimde olan sakatlığım için görevini tamamlamış ve gitmişti!

O maçı 90. dakikada Arda Turan'ın attığı golle 2-1 kazandık ve böylece "Çılgın Türkler" serisi başlamış oldu.

Bu arada takım içinde inanılmaz bir arkadaşlık ortamımız vardı. İsviçre'ye gittiğimiz gün kendi odalarımızın dışında bize tahsis edilen bir odayı oyun odası yapmıştık. Dinlenmek için odalarımıza çekildiğimiz zamanlar dışında tüm zamanımız takım olarak o odada geçiyordu. O turnuvadaki hangi oyuncuya, 2008 Avrupa Şampiyonası'nı sorarsanız, o oyun odasını ve orada hep birlikte geçirdiğimiz, "takım" olduğumuz zamanları anlatacaktır.

O odada oynadığımız oyunlarla hep birlikte iyi vakit geçirmenin yanı sıra zaman zaman birbirimize moral verdik, zaman zaman birbirimizi eleştirdik. Her şeyden önemlisi o odada birbirimize daha da kenetlenip "takım" olduk. Sahada galip geldikçe o odada daha çok ve daha keyifli vakit geçirmeye, daha çok vakit geçirdikçe de saha içinde daha iyi olmaya başladık. Galibiyet ve başarıyla doğru orantılı olarak birlikte geçirdiğimiz zaman gün geçtikçe arttı.

Tarihi Çek Cumhuriyeti maçı

İsviçre maçından üç gün sonra üçüncü maçımızda Çek Cumhuriyeti'yle karşılaştık. O maçı 2-0'dan 3-2 kazandık. Ben o maçta sakattım ama kulübedeydim. Turnuvada cezalı oyuncular dışında, kadroda olmayan oyuncular da kulübede oturabiliyorlardı. Bir gece önce garip bir hissiyatla, içimden bir ses, ertesi gün "tarihi bir maç" olacağını söylemişti. Maç günü uyandığımda da aynı hissiyat vardı. 2-0 Çekler öndeyken herkes artık her şeyin bittiğini düşünüyordu. Kulübede yanımda oturan Şükrü Hanedar'a dönüp, ki hepimiz ona "Şoko" deriz, "Bugün tarihi bir maç olacak; kazanacağız bu maçı" dedim. Umutsuzlukla suratıma baktı!

Maç 2-0 aleyhimizde devam ederken ender rastlanan bir şey oldu. Bir anda sahanın üstüne bir bulut kümesi çöktü. O bulut kümesiyle birlikte de "Çılgın Türkler" ortaya çıktı. Nasıl mı?

O bulut kümesi sahanın bizim savunduğumuz bölümünün üstüne çöktü. Sanki ilahi bir güç bize destek olmak için 12. adam olarak o bulut kümesini göndermişti!

Ortada 2-0 mağlubiyetimizle devam eden ve bir türlü istediğimiz oyun anlayışını sergileyemediğimiz bir maç vardı. Bu seviyede, bu önemde bir maç için de, son 20-25 dakikada 2-0 gerideyken maçı çevirmek çok zor, hatta imkânsıza yakındır. Çok ekstra şeyler olması lazımdır bu skordan geri dönebilmek için! Ki o ekstra şey oldu! Bulut kümesiyle sanki bizim sahamız çelikten bir kapı gibi örtüldü Çeklere. Orta sahayı geçemediler. Sanki attıkları her top, orta sahada görünmez bir duvara çarpıp geri dönüyordu. Sadece bizim sahada olan bulut kümesinin aksine, Çeklerin sahasının üstü de bir o kadar aydınlıktı.

Çeklerin bir yandan da skoru koruma sevdasıyla, son 20-25 dakikada gerçek oyun anlayışımızı ortaya çıkardık. İlahi bir güç, enerji ve belki de edilen duaların yardımıyla, önce 75. dakikada Arda Turan'la durumu 2-1 yaptık. Sonrasında rakibin iyice üstüne gitmeye başladık ve 88. dakikada Nihat'ın golüyle skor 2-2 oldu. O golde dünyanın en iyi kalecilerinden biri Cech, belki de hayatında bir daha yapmayacağı bir hata yaptı ve topu elinden kaçırdı. Aslında bana göre Cech'in bir hatası yoktu, topu o elinden kaçırmadı. Bir ilahi güç, bir enerji o topun Cech'in elinden kaçmasına ve ağlara gitmesine neden oldu!

Maçın beraberlikle bitmesi durumunda, gruptan çıkmamız diğer maçın skoruna bağlıydı. Şoko, 2-0 gerideyken, "Bu maçı alacağız" dediğimde bana inanmayan gözlerle bakmıştı. Durum 2-2'ye geldiğinde gol sevinciyle birbirimize sarıldık. "Bitmedi daha, alacağız bu maçı!" dedim. Çünkü hâlâ maçın berabere bitmeyeceğine, maçı alacağımıza inanıyordum. Maçın bitimine bir iki dakika vardı. 90. dakikada Hamit Altıntop'un muhteşem ara pasıyla yine Nihat, klasik Nihat Kahveci vuruşuyla, "ayak içi plase"yle golü yaptı ve maçı 3-2 kazandık.

Maçtan bir gün önce inanmıştım, hissetmiştim! Ayaküstü küçük bir sohbette rahmetli Hasan Doğan'a da, ısınmaya çıktığımızda arkadaşlarıma da, 2-0 gerideyken yedek kulübesinde Şoko'ya da söylemiştim!

Ve evet tam da hissettiğim gibi, söylediğim gibi maç "Çılgın Türkler" için tarihi bir maç oldu!

15 Haziran 2008'deki karşılaşma, bugün bile "geri dönen maçlar" kategorisinde ilk sıralarda yer alır.

O maç, o 90 dakika; belki de futbolun dünyada milyonlarca insan tarafından izlenen, en sevilen spor dalı olmasının bütün nedenlerini sergiledi.

O maç, futbol okullarında, futbolda hiçbir şeyin imkânsız olmadığının, maçın bitiş düdüğü çalmadan hiçbir şeyin henüz bitmediğinin kanıtı olarak gösterilmesi gereken bir ders maçı oldu.

İçindeyken farkında değildik

Çeyrek finaldeydik artık! Maçın bitimiyle birlikte 2008 Avrupa Şampiyonası çeyrek finalindeydik! Saha içinde, soyunma odasında futbolcular, teknik kadro, federasyon temsilcileri sevinç yumağı halindeydik. Bakanlar, başbakan ve cumhurbaşkanının tebrikleri, ailelerimizden dostlarımızdan gelen telefonlarla tarifsiz bir sevinç yaşıyorduk. Hepimize saatler gibi gelen o sevinç aslında çok kısaydı. Kısa bir süre sonra otelimize döndüğümüzde hepimiz oyun odasına, rutinimize geri dönmüş; bir sonraki maçı, çeyrek finalde eşleştiğimiz Hırvatistan maçını düşünmeye başlamıştık bile.

Rüştü Reçber bize hep, ne yaptığımızın, nasıl bir başarıya imza attığımızın henüz farkında olmadığımızı, Türkiye'ye döndüğümüzde anlayacağımızı söylüyordu. Haklıydı! Engelleri birer birer aşıyor, mucizeler yaşıyor, yaşatıyorduk ama biz içindeyken farkında değildik!

Çeyrek finalde Hırvatistan maçı

Hırvatistan karşılaşması da en az Çek Cumhuriyeti maçı kadar heyecanlı ve tarihi bir maç oldu.

Ben sakatlığımdan dolayı takıma sadece manevi destek veriyor; arkadaşlarımın başarısına sonuna kadar inanıyordum. Sahada oynayamasam da maç öncesi, sırası ve sonrasında bütün maçları onlarla en az onlar kadar yaşıyordum.

Maçta iki takım da birbirini tartıyor, kontrollü oynuyordu. Çeyrek final maçıydı sonuçta! Maçın normal süresi 0-0 bitti. Golsüz biten normal sürenin ardından uzatmalarda, bitime dakikalar varken ve tam da maçın penaltılara gideceğini düşünmeye başlamışken gol yedik. Turnuvada, sadece biz değil, diğer ülkeler de, diğer ülkelerin basını da bizim geri dönüşlerimizi konuşuyor, Türkiye'nin oynadığı maçlarda her an her şeyin olabileceğini söylüyorlardı. Bu inanç bize de güven veriyordu.

Geriye düştüğümüz maçlarda o inançla savaşmaya devam edip maçları çeviriyorduk. Ama çeyrek final maçında, uzatmalarda, 119. dakikada yediğimiz golle birlikte artık, "Bu iş bitti, buraya kadarmış" dedim.

Golü yediğimiz an buz gibi bir hava esti kulübede. Uzatmaların son dakikasında yediğimiz golle birlikte artık kaybedecek hiçbir şeyimiz yoktu. Ne olduğumuzu ne yapabileceğimizi biliyorduk. O andan itibaren yapılabilecek tek bir şey vardı, onu yaptık: Hamit Altıntop geri çekildi; Emre Âşık kafa toplarında son şansları değerlendirebilmek için ileri, Semih Şentürk'ün yanına gitti. Artık son şanslarımızdı!

Bu arada ben golden sonra gayri ihtiyari, bilinçsiz bir şekilde yerimden kalkıp, kulübeden çıktım ve sahanın kenarından rakip kalenin arkasına doğru yürümeye başladım. Bir yandan kendimi kaybetmiş bir şekilde yürüyor, bir yandan da sahayı izliyordum ki inanılmaz bir şey oldu: Rüştü'nün kullandığı uzun topa Emre kafayla çıktı, vurdu, Emre'nin vurduğu o top rakip oyuncuya çarpıp Semih Şentürk'ün önüne düştü, Semih topa vurdu ve o top rakip takımdan birine çarpıp kaleye gitti ve gol oldu!

Yine inanıyorum ki, daha önceki maçlarda bizim arkamızda olan o ilahi bir gücün ve edilen duaların da desteğiyle son şanslarımızda o beraberlik golünü bulduk! O topa Emre vurduğunda top Semih'e gitmeden rakip oyuncuya çarpmasa, belki de başka yere gidecek ve maç bitecekti. O top rakip oyuncuya çarptıktan sonra Semih'in önüne düşmese başka bir oyuncumuzun önüne düşse belki gol olmayacaktı. Bütün bu olasılıklıların içinde olması gereken, olması gerektiği gibi oldu. Bizim kaderimizde olan o golle birlikte maç penaltılara kaldı.

Tamam, elbette ki biz "takım" olmuştuk, inanmıştık, her rakibi yenebilecek kadro gücüne sahiptik. Ama ne olursa olsun, o güç o enerji o adı her neyse onun yardımıyla biz o golü bulduk ve "bu iş bitmedi henüz" dedik.

Ben golün sevinciyle daha yedek kulübesine doğru koşarken, santra bile yapılmadan hakem maçı bitirdi ve penaltılara gidildi.

Fatih Hoca penaltıcıları seçti. Maçtan önce penaltıya kalma ihtimali üzerine çalışmamıştık. Hoca kendini iyi hissedenlerden başlayarak kimlerin penaltı kullanacağını belirledi.

Penaltılar sırasında bütün takım oyuncuları yan yana, omuz omuzaydık. Benim avuçlarımın içi yanıyordu. Benimle birlikte benim omzuma konan ellerin de yandığını hissediyordum. Anlatılmaz, tarif edilmez bir enerji vardı.

Uzatmaların son dakikasında yediğimiz golde hatası bulunan Rüştü Reçber, penaltılarda devleşip, büyük kaleciliğini; penaltı atışlarını kullanan oyuncularımız da inançlarını gösterdi.

Penaltı atışları sonunda 3-1'lik skorla galip gelerek yarı finale çıktık!

Maç sonrası her zamanki gibi teknik kadro, federasyon ve birçok üst düzey yöneticiyle soyunma odasında ve otelde devam eden muhteşem bir sevinç yaşadık.

Gerçi biz futbolcular olarak bir an önce sevinç ortamından oyun odasına gitmek ve kendi aramızda hem sevincimizi yaşamak hem de rutinimize dönmek için can atıyorduk.

Yarı finale kalmıştık!

Yarı finalde turnuvanın favorilerinden Almanya'ya karşı oynayacaktık. Milli takım olarak hepimizde sonsuz bir enerji ve motivasyon vardı. Tek sıkıntımız takımdaki sakat ve cezalı duruma düşen oyuncularımızdı.

Maçtan önce Fatih Hoca'yla yaptığımız sohbette, hocanın ertesi günkü maç için kadro konusunda ciddi bir sıkıntı yaşadığını hissettim. Haklıydı da sıkıntı yaşamakta... Almanya maçına kadar hiçbir maçta süre almamış olan Uğur Boral'ı oynatmak istiyor ama Uğur'un kafa olarak motive olması gerektiğine inanıyordu. Ben hocanın samimiyetine güvenerek Uğur ile ilgili yorumumu yaptım ve onu maça hazırlayacağımı söyledim. O gece Uğur'la konuştum, abi tavsiyeleriyle onu maça hazırlamak için elimden geleni yaptım. Nerede ne yapması gerektiğini anlatarak, sahada sakin olmasını ve heyecanlanmamasını söyledim. Elimden geldiğince onu motive ettim.

Fatih Hoca'nın en büyük felsefelerinden biriydi; oynadığımız oyundan keyif almak! Biz hiçbir maça sessiz sedasız gitmedik. Her maç öncesi otelden stada doğru yaptığımız otobüs yolculuğunda müzik dinleyerek, gülüp eğlendik. Maçlara, "ne olacak, ne yapacağız" düşünceleriyle değil, keyifle gittik. Sonuçta dünyanın, oynarken de izlerken de en keyif veren oyunlarından biriydi futbol!

Almanya maçından önce de stada büyük bir keyifle gittik. Hatta o maçta, otobüsten inip soyunma odasına girene kadar, Tuncay-Arda işbirliğinde, telefon ve küçük hoparlörlerle "Mehter Marşı" çaldık. O maça Mehter Marşı ile "Fatih'in askerleri" olarak çıktık.

Uğur Boral maça, hocanın da bir gün önce söylediği gibi ilk 11'de başladı. Maçın en iyi oyuncularından biri olmakla kalmadı, golünü de attı. Attığı golden sonra sevinçle kulübeye koştu. Fatih Hoca'dan sonra bana geldi ve sarıldık. Gözlerim doldu. Milli takımın gol atmasının yanı sıra golü Uğur'un atmasına çok sevinmiş, onun adına çok mutlu olmuştum. Fatih Hoca da bizim sarılmamıza gururla bakarak gülümsedi. İlk yarıda önce Uğur'un golüyle öne geçtik, kısa bir süre sonra Almanlar durumu 1-1 yaptı ve maçın ilk yarısı 1-1 bitti.

İkinci yarı biz de Almanlar da çok etkiliydi ki; 80. dakikada Almanlar 2-1 öne geçti. Biz yine maçın bitimine yakın geri düşmüştük. Ama hepimizin içindeki o inançla umutsuzluğa kapılmadık. Oyundan düşmedik, saldırmaya devam ettik ve 86. dakikada Semih'in golüyle durumu 2-2 yaptık. O golde Sabri, dünyanın en önemli beklerinden biri olan Lahm'dan topu saklayarak bir çalım attı ve topu mükemmel bir şekilde defansla kalecinin arasına, ortaya kesti.

O gün itibariyle Türkiye Cumhuriyeti'nde, Sabri'nin kestiği o topu oradan tereyağından kıl çeker gibi kaleye gönderebilecek tek isim de oradaydı: Semih Şentürk!

Muhteşem bir ön direk oyuncusu olan Semih, ön direğe gitti ve Almanya defansından önce davranıp topa dokundu ve iğne deliğinden geçirir gibi Almanya filelerine gönderdi!

Dakika 86'ydı... Hepimiz artık maçın yine uzatmalara gideceğini düşünüyorduk! Skoru dengelemiştik, kontrollüydük artık. Maçtan önce sakat oyuncularımız yüzünden kadro sıkıntımız olsa da yakaladığımız sinerjiyle bütün gücümüzü ortaya koymuştuk. Turnuvada favori gösterilen Almanya karşısında iki defa geri düşüp beraberliği yakalamayı başarmıştık!

Maçın artık bizim lehimize döndüğünü düşündüğümüz anda, Almanya'nın sol beki Lahm (ki o günkü performansıyla sahanın en kötülerindendi) ender yaptığı bir hareketle ileri çıkarak, müthiş bir duvar pası sonrası 89. dakikada Almanya'yı 3-2 öne geçirerek finale çıkartan golü attı.

Turnuvanın ilk gününden, hatta kampın ilk gününden itibaren Fatih Hoca'nın bize aşıladığı ilkelerin başında, takım halinde oynamak vardı. "Avrupa'nın birçok takımına göre yetenekli, yaratıcı oyuncularımız daha fazla. O takımları bizden önde kılan tek şey 'takım halinde' oynamaları. Biz takım halinde savunma yapıp, takım halinde hücum yapabilirsek, o zaman yetenekli ve yaratıcı oyuncularımızın artısıyla onları yenebiliriz" derdi.

Bunu neden burada belirtiyorum. Çünkü maalesef Colin Kâzım maçın son dakikalarında maç 2-2 devam ederken hocanın bu ilkesine ve ilk günden beri ortaya koymaya çalıştığımız oyuna ters düştü. Yediğimiz golde takım halinde savunma içerisindeyken, sahada gelmesi gereken yere, tabir-i caizse gelmiş olmak için geldi. Üstüne bir de ayağının kaymasıyla pozisyonunu kaybetti ve maalesef ki garibim Sabri, ikiye bir yakalanarak Lahm'ın duvar pasına maruz kaldı. Bugün hâlâ inanıyorum ki Colin Kâzım her ne kadar canla başla gelmese bile, kayarak düşmeyip sadece pozisyonunu koruyabilseydi Almanya o golü atamazdı ve her şey çok farklı olabilirdi!

Sonuçta, bitime dakikalar kala 3-2 gerideydik! Bu arada ben o maçtan birkaç gün önce ağrılarım devam etmesine rağmen antrenmanda hafif koşulara başlamıştım. Çok sayıda sakat ve cezalı oyuncumuz da olduğundan Fatih Hoca'nın da isteğiyle o maç yedek oyuncular arasındaydım.

Golü yediğimiz an Fatih Hoca kulübeye dönüp bana seslendi

ve beni oyuna soktu. Sakatlığım henüz geçmemiş olmasına rağmen kulübedeki tek şansıydım hocanın... Ayrıca Fatih Hoca'nın ne düşündüğünü ve beni niye oyuna aldığını da biliyordum. Belki son dakikada bir duran top, araya bir top veya frikik atışı olabilme ihtimaline karşı beni sokmuştu. Son bir şans olarak....

Ki o şans geldi...

Oyuna neden girdiğimi, hocanın neden beni oyuna soktuğunu iyi biliyordum. Yapmam gerekeni yapmam gerekiyordu! Orta sahadan bir top aldım ve driplinge başladım. Tek bir amacım vardı; arkamdaki rakip oyuncunun bana faul yapmasını sağlamak; ki yaptı. İyi bir yerden frikik atışı kazandık. Tıpkı Danimarka maçında olduğu gibi...

Maç artık bitiyordu. Saniyeler vardı...

Oyuna girdiğimde bile devam eden bir ağrım vardı. O ağrıyla birlikte, bana faul yapan oyuncunun üstüme düşmesiyle bir anda kasığımda bir şeylerin gerildiğini, hatta yırtıldığını hissettim. O yırtılma sesi ve acıyla bunun ciddi bir sakatlık olduğunu ve çok uzun bir süre futbol oynayamayacağımı biliyordum artık.

Frikik bizim son şansımızdı artık. Muhtemelen atış sonrasında hemen maç bitecekti.

Kariyerimde, elimde olsa da geri dönüp tekrar yaşama şansım olsa dediğim anlardan biridir o frikik benim için. Bugün geri dönebilsem o ana, o frikiği kesinlikle ben kullanmazdım. O maçta da aslında Hamit geldi topun başına. Ama kenardan Fatih Hoca "Tümer" diye seslendi. Ben Hamit'e canımın çok acıdığını ve bunun son şansımız olduğunu, o yüzden onun vurmasını istediğimi söyledim saha içinde. Ben sadece topu dürtecektim. Hamit vuracaktı. Kenarda olan Fatih Hoca'ya işaretle kötü olduğumu anlatamadım. Hoca da sakatlığımı fark edemediğinden benim vurmamı istedi. Topa vurdum, dışarı gitti ve maç bitti. Bugünkü aklımla, hocanın seslenmesine rağmen inisiyatif kullanıp o topu Hamit'e bırakırdım.

"Asıl Türkiye'de anlayacağız..."

Şampiyonaya başladığımız ilk maçtan itibaren aldığımız her galibiyet sonrası otele, kampa gelenlerin sayısı artıyordu. Gerek Sayın Başbakan ve bakanlar gerek maçı izlemek için Türkiye'den gelen futbolseverler galibiyetler sonrasında mutlaka otele geliyorlardı. Her galibiyet sonrası bizim sevincimizle birlikte sevincimizi paylaştığımız insan sayısı da artıyordu. Rüştü Reçber o sevinçlerimizde bize şunu söylerdi hep: "Biz ne yaptığımızın farkında değiliz henüz. Bunu Türkiye'ye gittiğimizde anlayacağız." Haklıydı, bizim en uzun sevincimiz yarım saat sürerdi otelde. Sonrasında yine oyun odamızda toplaşıp sohbet ve eğlencemize kaldığımız yerden devam ederdik. Ne televizyon ne gazete vardı. Türkiye'de başarımızın yankılarının nasıl olduğunu sadece ailelerimizle yaptığımız telefon konuşmalarından öğreniyorduk. Ama yine de çok farkında değildik.

Ne zaman Almanya maçı sonrası Türkiye'ye döndük. Atatürk Havalimanı'nda uçaktan indiğimiz an, "Evet biz çok büyük bir başarıya imza atmışız!" dedik. Havaalanından Taksim'e kadar üstü açık otobüste giderken insanların gösterdiği ilgi, herkesin takım ayırt etmeksizin gösterdiği sevgi tarif edilemez bir mutluluk ve gururdu.

Turnuva sonrasında hepimizi sarsan ve derinden üzen tek olay dönemin Federasyon Başkanı Hasan Doğan'ı kaybetmemiz oldu. Hasan Doğan, bütün turnuva boyunca 24 saat her anı, her dakikayı bizimle birlikte yaşadı. Sabah kahvaltıda da, maç öncesinde de, maç sonrasında da her anımızda bizim yanımızdan en az bizim kadar heyecanla bize destek oldu, bize inandı, moral verdi. Federasyon Başkanı olmanın ötesinde adeta takımın bir parçası, teknik heyetten birisi gibiydi. Aldığımız başarı karşısında da en az bizim kadar sevinmiş ve gururlanmıştı. Türkiye'ye döndükten bir hafta sonra hepimizi Bodrum'daki evinde yemeğe davet etti.

Maalesef planlanan o yemekten bir gece önce kalbine yenik düştü ve vefat etti. Hepimiz çok üzüldük onun vefatıyla. Henüz birkaç gün öncesine kadar 24 saat birlikte vakit geçirdiğimiz, hepimizin kalbinde yer etmiş bir büyüğümüzü kaybetmek çok üzücüydü.

Bütün turnuva boyunca bize verdiğiniz desteği de, tribünde eşiniz ve ailenizle yaşadığınız o gol sevinçlerini de asla unutmayacağız Başkan!

Çok farklı bir gurur

Kariyerimde Beşiktaş ve Fenerbahçe'de üstelik iki takımın da 100. yıllarında şampiyonluk yaşamış bir futbolcu olarak, o üstü açık otobüste yaşadığım gurur ve mutlulukla sadece şunu diledim: "Allah futbola yeni başlayan her futbolcuya tuttuğu takımda oynamayı ve şampiyonluk yaşamayı; ama daha da önemlisi milli takım forması altında başarı yaşamayı nasip etsin!"

Bu, hayatımda başka hiçbir başarıda yaşayamayacağım bir gurur ve mutluluktu benim için... Eminim benimle birlikte o kadrodaki bütün arkadaşlarım için de... Çok başka bir şeydi o duygu... Çok farklı bir statüydü artık hepimizin sahip olduğu... Çok farklı bir gururdu... Çok farklı bir mutluluktu...

Ve o günleri her düşündüğümde ya da o günlerdeki anılarımı her paylaştığımda, en başa dönüp, bunun bir parçası olmama, bu gururu yaşamama vesile olan kişiyi, Fatih Terim'i, hocamı, saygı, sevgi ve şükranla anarım... Sakatlığım nedeniyle sadece dakikalarca süre alsam da, o kadroda olmak, o turnuva heyecanına arkadaşlarımla birlikte canlı tanık olmak benim için yeterliydi.

Bugün üzerinden yıllar geçmiş olmasına rağmen Tuncay, Arda, Rüştü, Hamit veya o kadronun içindekilerle ne zaman bir araya gelsek hâlâ o günler özlemle ve şevkle anılır aramızda...

10

Yunanistan

> Ve bu hasret öyle uzun sürdü ki;
> Adam gibi hasretleri özlemeye
> başladım.
>
> Yılmaz Erdoğan

2008 Avrupa Kupası Şampiyonası sonrası aklımda iki seçenek vardı: Ya Avrupa'da (Larisa dışında) bir takıma gidecek ya da (mevcut yasa değişirse) Fenerbahçe'ye geri dönecektim. Larisa defterinin benim için kapandığını düşünüyordum. Nihayetinde hâlâ Fenerbahçe'nin oyuncusuydum, Larisa'ya kiralık gitmiştim. Eğer mevcut yasa 38 yaşına kadar oynamama izin verseydi zaten Fenerbahçe'den Larisa'ya hiç gitmez; futbol oynayabildiğim kadar oynar, bırakınca askere giderdim. Bunu özellikle belirtmek için vurguluyorum: Benim askerlikle bir problemim yoktu. Ben henüz futbolu bırakmak istemiyordum. O yüzden de yasa ve şartlar nerede oynamama izin veriyorsa orada oynuyordum.

Avrupa Şampiyonası sonrası askerlikle ilgili, yasada yaş sınırı değiştirilince doğal olarak Fenerbahçe'ye döndüm. Şampiyonada kariyerimin en kötü sakatlığını yaşadığımdan, maalesef sezona da sakat başladım. Sakatlığımın iyileşmesi beş ayı buldu. O süre zarfında mental olarak da kötü bir dönemden geçtim. Futboldan kopma noktasına geldim diyebilirim. Fenerbahçe'ye geri dönmüştüm ama bir katkım yoktu takıma, sakattım, iyileşmeye çalışıyordum. Takımın başında Aragones vardı. Zor bir süreçti. Bir yanda terazinin bir kefesinde iyi şeyler vardı: ailem yanımdaydı, İstanbul'daydım, yasa değişikliği yapılmıştı, tedavi oluyor, iyileşmeye çalışıyordum bir an önce. Diğer tarafta ise kafamda dönüp duran sorular vardı. Beş aylık güzel bir Larisa deneyimi üstüne kariyerimin en önemli başarılarından biri olan Avrupa Şampiyonası sonrasında değişmiştim. Hissediyordum... Hem kendimden hem de futboldan beklentim değişmişti. İyileşme sürecinde de, bundan sonra ne yapmak istediğimi çok düşündüm ve sonunda

Önemli kararlar hep böyle alındı.

iyi kötü alıştığım bir ortam olduğu için Larisa'ya geri gitmeye futbol hayatıma yurtdışında devam etmeye karar verdim.

Sakatlığımın tam olarak geçmeye ve hatta iki haftadır antrenman yapmaya başladığım dönemde Larisa'dan takım arkadaşım Stefanos beni aradı. Yeni hocalarının bir transfer yapmak istediğini ve beni sorduğunu söyledi. Stefanos ve diğer takım arkadaşlarım da beni ve takıma katkılarımı hocaya anlatmışlar. Stefanos, telefonda, "Gelmek ister misin?" diye sorduğunda, düşünmeden, "isterim" dedim. Fenerbahçe yönetimiyle görüşüp ayrılma isteğimi ilettim. Yönetimin de gösterdiği anlayışla Ocak 2009'da, Fenerbahçe'yle sözleşmemi karşılıklı feshedip, yarım dönemlik sözleşmeyle tekrar Larisa'ya gittim.

Birlikte sadece beş ay gibi kısa bir zaman geçirmiş olsak da Larisa seyircisiyle aram çok iyiydi. Gittiğim gün beni "Evine hoş geldin" pankartlarıyla karşıladılar. Oynadığım bütün takımların seyircileriyle, o takımlarda oynadığım dönemlerde iyi ilişkilerim oldu. Birçok maçtan önce veya sonra çok coşkulu sevgi gösterileriyle karşılaştım. Ama bu farklı bir duyguydu. Yabancı bir ülkede, yabancı bir ligde, yabancı bir kültürde, üstelik Yunanistan gibi tarihsel geçmişimizin iyi olmadığı bir ülkede, kısa sürede taraftarla bir bağ kurup, bunları yaşamak çok özel, çok farklıydı benim için.

Otelden eve geçiş

Aynı otel, aynı oda, tanıdığım takım, tanıdığım arkadaşlar, tanıdığım taraftar, tanıdığım şehir... Hemen her şey bıraktığım gibiydi. Değişen tek şey takımın hocası ve birkaç oyuncuydu. Bir yıl önce yeni şehre, lige, takıma, taraftara, her şeye kısa sürede adapte olmuş, hem güzel anılarla dolu hem de performans olarak başarılı bir dönem geçirmiştim. Ancak Larisa'ya gitmeden önce, Türkiye'den askerlik nedeniyle belirsiz bir şekilde çıkışım, Milano'da geçirdiğim yaklaşık bir aylık süreç beni mental olarak çok yormuştu. Hem o mental yorgunlukla hem de seçim şansım olmadan Larisa'ya gitmiştim.

Bu kez durum farklıydı. Kafam çok daha netti. Futbol kariyerim içinde kurduğum en büyük hayallerden birini gerçekleştirmiş, Avrupa Şampiyonası'na katılmış, üstelik madalyalarımın arasına belki de en anlamlısı olan Avrupa üçüncülüğü madalyasını eklemiştim. Şampiyona sonrasında, Fenerbahçe'ye dönmemde yani Türkiye'de oynamamda bir engel yoktu. Ama bu kez ben isteyerek, kendi seçimimle Yunanistan'a ve Larisa'ya gitmiştim. Orada edindiğim beş aylık tecrübe bana çok şey katmıştı. Larisa, Beşiktaş, Fenerbahçe gibi şampiyonluk hedefleri olan bir takım değildi. Ama ben de Beşiktaş'ta ve Fenerbahçe'de şampiyonluk yaşayan Tümer Metin değildim artık.

Futbol kariyerimde kendim için hedeflediğim, hayal ettiğim mutlulukları, başarıları yaşamak çok şükür ki nasip oldu bana. Belki de bu tatminle birlikte, artık futboldan da, oynadığım takımdan da beklentilerim değişmişti. Yunanistan'da farklı bir deneyim yaşıyordum. Bu deneyimi de götürebildiğim kadar yaşayıp, sonrasında da Türkiye'ye dönüp askerlik görevimi nerede ve ne kadar süreyle yapabiliyorsam yapacaktım. Bu netlikle Larisa'da inanılmaz iyi bir dönem geçirdim. Kişisel performansım ve istatistiklerim çok iyiydi. Hemen her maçta oynadım. Takım olarak çok iyi bir sezon geçirdik ve sezon sonunda ilk beşe girerek play-off oynadık. Play-off'a kalmak Larisa'nın tarihindeki en önemli başarılardan biriydi. Ben de bu başarının en önemli mimarlarındandım.

Sezonun hemen bitiminde Larisa başkanıyla bir görüşme yaptık ve 2009-2010 sezonu için tekrar sözleşme yeniledik. İki yarım dönemden sonra Larisa'yla ilk kez yıllık sözleşme imzaladım.

Bir yıl arayla oynadığım iki dönemde de hep otelde kalmıştım. Otel, kulüp başkanınındı. Rahat bir ortamdı ve ben de otel hayatını seviyordum. Odam bir apartman dairesi kadar büyüktü. Balkonum bile vardı. Bütün çalışanlarla arkadaş olmuştuk. Kendimi evimde gibi hissediyordum. Yemek, temizlik gibi sorunlarım yoktu. Ancak artık yıllık sözleşme imzaladığım için daha yerleşik bir hayata geçmem gerekiyordu. Sezon başında kendime bir ev tuttum ve geri kalan süremde Kerkyra'ya transfer olana kadar da o evde kaldım.

Paranın satın alamayacağı güven duygusu

2009-2010 sezonunda, birkaç maç dışında bütün maçlarda oynadım. Sezon sonunda "altın karma"ya seçildim. Ayrıca "yılın en değerli yabancı oyuncusu" ödülünü aldım. Lig bitiminde, yerli oyuncularla yabancı oyuncular arasında oynanan allstar maçında da "maçın en değerli oyuncusu" seçildim.

Artık iyice yerleşik bir hayatım, bir rutinim, soysal hayatım, arkadaşlarım vardı. İngilizcemi epeyce ilerletmiş ve herkesle anlaşabilir hale gelmiştim. Hatta yavaş yavaş Yunanca bile anlıyordum. Türkiye'ye fırsat buldukça geliyordum ama bu ziyaretlerimin süresi kısa oluyordu. Daha çok ailem, eşim, Türkiye'den arkadaşlarım beni görmeye geliyorlardı. Huzurluydum. Gurbet hasreti çekmeme, evimi, ailemi, dostlarımı, İstanbul'u özlememe rağmen; futbol oynamaktan, Yunanistan'da futbol oynamaktan, yeni arkadaşlar edinip insan biriktirmekten, kendimi geliştirmekten, kendimle baş başa kalmayı, tek başına kalmayı başarmaktan, için için farklı bir haz ve mutluluk duyuyordum. Bir başarmışlık hissiydi yaşadığım... Kendime paranın satın alamayacağı bir güven duygusu gelmişti. Bir gün dünyanın herhangi bir yerine; dilini, kültürünü, yolunu, yemeğini bilmediğim bir yerine gitmek zorunda kalsam da; yaşayabileceğime, tek başıma da olsam yeniden, sıfırdan bir düzen kurabileceğime dair bir güven duygusu...

Bisiklet keyfi

Daha önce de belirttiğim gibi benim yön duygum iyidir. Bir yoldan bir kez geçmişsem bir daha o yolu unutmam, hatırlarım. Hatta hiç bilmediğim ama içinde deniz olan bir şehirde 10 dakikada, neredeyim, neresi neresidir keşfeder, pusula gibi yönümü belirler ve kolay kolay kaybolmam. Zonguldak, Samsun ve İstanbul'dan sonra deniz olmayan bir şehre gitmek, beni yeni bir kültüre gitmekten daha çok etkiledi diyebilirim. Kendimi ilk zamanlar sudan çıkmış balık gibi hissediyordum. Hayatımda ilk kez Larisa'da aynı yoldan defalarca geçip bir adresi bulamadım. Larisa aslında dümdüz bir şehirdir. Ne yokuş ne tepe vardır. Etrafı dağlarla çevrili, dağların ortasında kalan dümdüz bir şehir... Bütün şehri bisikletle 20-25 dakikada gezmek mümkün. Ben de çok sık bisiklete bindim.

Avrupa Şampiyonası sonrası ikinci gidişimde uzun süre orada kalacağımı bildiğimden, İstanbul'dan kendi arabamı götürdüm. Ama kısa bir süre sonra kendi arabamın Larisa şehrine ve oradaki yaşam tarzına/tarzıma göre fazla lüks olduğunu hissedip geri gönderdim. Kendime Mini Cooper aldım. O arabayı da üç yıl boyunca kullandım. O arabamla aramda duygusal bir bağ vardı. Gerçi arabayı hava kötü olduğunda ve antrenman-ev arası kullandım sadece. Onun dışında her yere bisikletle gidiyor ve bundan da çok keyif alıyordum. Küçüklükten gelen bir özlemdi sanırım bisiklete binmek benim için.

Benimki Zonguldak'ta top peşinde geçen mutlu bir çocukluk olmasına rağmen, çocukken hep bir bisiklet sevdam vardı. Hiç bisikleti olmamış bir çocuk olarak...

Bisiklete binmekten anlatamayacağım bir keyif alırdım. O zamanlar, bulduğum/biriktirdiğim paralarla üç beş turluğuna kiraladığım bisikletin üzerinde yaşadığım mutluluğu ve hazzı, bu yaşıma kadar kullandığım hiçbir arabada yaşamadım...

Benim hiç bisikletim olmadı ve bu çocukluğuma dair tek ve en büyük özlemimdir. Babam maden işçisiydi ve ailenin geçimini tek başına sağlıyordu. Üstelik yaptığı iş tehlikeli bir işti. Her gün yerin binlerce metre altına giriyordu. Babama ve yaptığı işe her zaman minnet ve saygı duydum. Çocuk aklımla bile babamın bizim için yaptığı şeylerin farkındaydım. Kuzenim de dahil olmak üzere bisikleti olan mahallenin diğer çocuklarına için için imrenir, biriktirdiğim her parayı bisiklet kiralamaya harcardım. O zamanlar dakikalık, saatlik, hatta günlük bisiklet kiralanırdı. Benim param hep birkaç turluğuna ya da en fazla saatlik kiralamaya yeterdi genelde. Ender olarak günlük bisiklet kiralayacak param olduğunda, o bisikletle eve gitmek, o bisikleti kapının önüne itinayla park edip bırakmak ve sabah uyandığında onun orada olması... Bisiklet sahibi olmak; sabah uyandığımda bisikletin kapıda olmasıydı. Kiraladığım bisiklet bir geceliğine de olsa bana o hissi yaşatıyordu!

Babam bisiklete olan sevgimi görüyordu elbet. Ve eminim içinde ukteydi bana bisiklet alamamak. O da, ben de bu konuda hiç konuşmazdık. Ben hiçbir zaman babamdan bana bisiklet almasını talep etmedim. Çocuk olsam da, bilirdim alacak durumumuz olmadığını ve istemezdim. O da bana, ne bisiklet hevesime ne de neden bisiklet alamadığına dair bir şey söyledi. Sanki aramızda bu konuyla ilgili konuşmamak üzerine bir anlaşma yapmıştık...

Çocukluktan kalan bisiklet sahibi olma özlemimi Yunanistan'da fazlasıyla giderdim sanırım. Çok uzun saatler bisiklete bindim. Hemen her yere, bankaya, kahve içmeye bisikletle gidilebiliyordu zaten.

Larisa'daki dostlar

Larisa çok bilinen, popüler bir şehir olmamasına rağmen gece kulüpleri, restoranları, mağazaları ve yaşayanlar açısından çok kozmopolit bir yerdi. Benim evim şehrin tam merkezindeydi. Her yere yakındım. Her yere arabayla beş on, bisikletle 15-20 dakikada gidiyordum. Maç ve antrenmanlara endeksli rutin bir hayatım vardı. Geri kalan zamanımı Lefteris'in kafesinde kahve içerek, fizyoterapist Costas'ın ofisine uğrayarak, akşamları da Panu ya da Dodo ile sosyalleşerek geçiriyordum. Şehir olarak futbolu çok seviyor, dolayısıyla futbolcuları el üstünde tutuyorlardı. Hemen her yerde tanınıyor ve seviliyorduk.

Stefanos, Lefteris, Costas, Panu, Dodos....

Bu isimler benim Larisa'da yaşadığım yıllarda ailem olan insanlar... Onları anlatmazsam sanırım hikâyemi tam olarak anlatmış sayılmam!

Stefanos, takımın kalecisiydi. Larisa'ya gittiğim ilk günden itibaren çok iyi arkadaş olduk. Avrupa Şampiyonası öncesi Larisa'dan ayrılırken havaalanında sarmaş dolaş olup karşılıklı gözyaşı dökmüştük. Bir yıl sonra da Larisa'ya ikinci gidişime önayak oldu. Kendisi bir buçuk yıl sonra takımdan ayrıldığı için onunla diğerlerinden daha az zaman geçirdim. Ama hiçbir zaman kendisiyle irtibatımız kopmadı. İlk günden itibaren, özellikle İngilizcemi ilerletmemde bana çok yardımcı oldu.

Stefanos dışında takımdaki en yakın arkadaşım Panu'ydu. Kamplarda aynı odayı paylaşıyor, hemen her gün görüşüyorduk.

Uzun saatler konuşur, dertleşirdik. Ailem ailesi, ailesi ailemdi.

Larisa'da her gün kahve içmek için gittiğim Cafe Mikel'in sahibi Lefteris ile de zaman içerisinde yakın iki arkadaş olduk. Cafe'nin adı Mikel Lefteris ve kardeşlerinin isimlerinin baş harflerinden oluşuyordu. Cafe'nin logosu da babalarının resmiydi. Larisa'da kahve içtiğim tek yerdi, Cafe Mikel... Lefteris en alt basamaktan başlayıp, çok çalışarak yükselmiş, birçok şubesi olan başarılı ve tanınmış bir cafe sahibiydi. Orada içtiğim kahvenin lezzetini Yunanistan'da hiçbir yerde bulamadım.

Bendeki, hep aynı yerde oturma alışkanlığı orada da devam etti. Üç buçuk yıl boyunca aynı masada, aynı cepheye bakan sandalyede içtim kahvemi. Yanımdaki sandalyede de çoğunlukla Panu oturuyor olurdu. Lefteris de bilirdi o sandalyenin benim olduğunu. Lefteris'le onun bildiği birkaç İngilizce benim bildiğim birkaç Yunanca kelimeyle anlaşıyorduk. Onun da bende çok emeği vardır. Benden bir iki yaş küçüktü. Birlikte dışarı çıkar, aynı dili konuşmamamıza rağmen sayılı kelimelerle çok iyi anlaşırdık. Evliydi, tanıştığımızda karısı hamileydi. Kaldığım sürede çocuğunun büyümesine de yakından şahit oldum.

Dodos, Larisa'nın yeni statını yapan müteahitti. Kendisiyle Panu, Stefanos ya da Costas kadar yakın değildim. Benim eşim yanımda olmadığı için yalnızdım. Stefanos, Costas ve Panu'nun aileleri olduğundan, ben de geceleri benim gibi yalnız olan Dodos'la birlikte dışarı çıkardım. Eğlenmeyi çok seven biridir. Bir oğlu, bir kızı vardı. Çocuklarıyla da çok iyi anlaşırdım. Ben Yunanistan'dayken yeniden nişanlandı. Nişan yüzükleri benim kramponlarımın içinde servis edildi. Bir inşaat şirketi vardı; Larisa'nın yeni stadını onun firması inşa etti. Statın en üst bölümüne *Queen Bar* yaptı. Bütün takım orada vakit geçirirdik. Takım yemeklerimizi orada yer, maçlardan önce ve sonra orada takılırdık.

Yunanistan'daki arkadaşlarımın hepsinin hâlâ bende yeri ayrıdır. Hepsiyle ayrı ayrı sayısız anım vardır. Hepsi benim kardeşim oldular. Şimdi aramızda ne kadar mesafe olsa da her zaman benim hayatımda ve kalbimde ayrı bir yerde olacaklar.

Bu kardeş kadar yakın dostluklar arasında kelimelerle anlatamadığım ve anlatamayacağım bir isim de Costas...

Onu için ne söyleyebilirim, onunla dostluğumuzu nasıl anlatabilirim bilmiyorum. Herkesten öte, her şeyden öte bir yakınlık, bir kardeşlik bağı oluştu Costas'la aramızda. Takımın fizyoretapistiydi. Kendisini ve arkadaşlığımızı anlatmam, tarif etmem çok zor. Çok özel bir yeri vardır hayatımda. İki tane oğlu var. Ben ilk tanıdığımda çok küçücüklerdi. Şimdi büyüyüp delikanlı oldular. Yeğenlerim oldular...

Costas'la birbirimizi görmediğimiz bir gün olmazdı. Düzeltiyorum bir tek pazartesi günleri görüşmezdik. Pazartesi akşamları benim tiryakisi olduğum "Ezel" dizisi vardı. O gece ne dışarı çıkar, ne telefona cevap verirdim. Hiçbir dakikasını kaçırmadan "Ezel" izlerdim... Costas çok dalga geçerdi benimle. Anlamazdı bir diziye bu kadar bağımlı olmamı. Costas arkadaş ve kardeşten öte, aynı zamanda çok iyi bir fizyoterapistti. Samsun yıllarımdan beri dizimde devam eden ve hiçbir doktorun geçiremediği kronik ağrımı o geçirdi. Sağ dizimin dışında ara ara tekrarlayan, futbol hayatımda birkaç kez maça çıkamamama neden olan bir ağrım vardı. Tam teşhis ve neden konamıyordu. MR'da ya da fiziksel muayenede bulunamıyordu. Ama ara ara çok ağrım oluyordu. Akupunturla birlikte yaptığı tedavi yöntemi sayesinde o ağrıyı bir daha hiç yaşamadım. Sihirli parmaklarıyla yaptığı o tedaviyle yıllardır devam eden ağrının geçmesi benim için bir mucizeydi. Tanıştığımız ilk haftalardan itibaren yaptığı tedaviye de, Costas'a da çok güvendim ve kendimi ona emanet ettim. Yaşadığım her sakatlıkta, her sorunda, her seferinde beni en kısa sürede tamamen iyileştirmeyi bildi. İşini hem çok iyi yapıyordu hem de kendini geliştirmeye yeni sertifikalar almaya devam ediyordu.

Evi...

Yunanistan'da genel olarak çok Türk olmasına rağmen Larisa'da hiç yoktu. İstanbul doğumlu ama uzun yıllar önce bir Yunanla evlenip, Yunanistan'a gitmiş ve oraya yerleşmiş olan Rana Hanım'la bir televizyon programında canlı yayın konuğuyken bana tercümanlık için getirdiklerinde tanıştım. Programa katılmamı istediklerinde ben henüz İngilizceme güvenemediğimden, emin olmadığımı söyledim. Bunun üstüne bir tercüman ayarladıklarını söylediler. Bu sayede Rana Hanım'la tanıştık. Kendisinin Türkçesi de uzun yıllardır kullanmadığından bozuktu zaten. Bir de üstüne canlı yayında olmanın verdiği heyecanla çeviride epey zorlanmıştı o gün. Televizyon yayınından sonra kanaldan ayrılmak üzereyken kapıda birisinin benimle görüşmek istediğini söylediler. Kapıya çıktığımda genç bir kız ile yanında yaşlıca bir amca beni bekliyordu: Evi... Benimle Türkçe konuşmaya başladı. Şaşırdım. Önce Türk olduğunu sandım. Larisalıymış. Dört yıl

Türkiye'de Türk Dili ve Edebiyatı okuduğundan Türkçesi doğal olarak çok iyiydi. Beni televizyonda izlemiş ve babasıyla birlikte benimle tanışmak için kanala gelmişti. İyi ki de gelmiş!

Evi'yle o gece kanalın kapısında tanıştık ve Yunanistan'da geçirdiğim geri kalan günlerimde bana kız kardeşim kadar yakın oldu ve yardım etti. Çok kahrımı çekti. Ailemle tanıştı, ben onun ailesiyle tanıştım. Röportajlarımda bana tercümanlık yaptı. Hem sosyal hayatta hem her tür işimde bana sonsuz destek oldu. Kendisine bir kez daha çok teşekkür ederim bütün desteği ve yardımları için!

Yunanistan'da hayatımda birçok yenilik oldu. Birçok yeni şey öğrendim. Bütün hepsinin içinde, içimde ukte kalan, yarım bıraktığım, beceremediğim tek şey yemek yapmak oldu. Bir türlü öğrenemedim. Kursa gitmeyi bile denedim ama ev ödevini yaparken mutfağım savaş alanına dönünce pes ettim!

Bahramis... De Nigris...

Yunanistan'da sahip olduğum sayısız anı ve deneyimin yanında daha önce hiç yaşamadığım kötü acılar da yaşadım. İki takım arkadaşımı kaybettim. Birisi Larisa'ya ilk gittiğimde takımdaydı. Adı, Bahramis'ti. Yunan'dı. Hayatımda gördüğüm sözünün eri, mert, nadir insanlardan biriydi. Bir duruşu vardı. Dosdoğruydu, netti. İyi de bir futbolcuydu. Larisa takımından ayrıldıktan sonra da kendisiyle iletişimimiz devam etti. Ne zaman Larisa'ya gelse görüşürdük. Costas'ın da yakın arkadaşıydı. Üçümüz çok iyi anlaşırdık. Dalmayı çok severdi. Hep dalış haberlerini alırdık. Arada bize yakaladığı balıkları dondurup gönderirdi. Bir gün kötü haberi aldık. Bir dalışından sonra su yüzüne çıkarken sürat teknesi çarpmış ve tutkuyla sevdiği denizde vefat etmiş. Cenazesi Larisa'ya 700 km. uzak bir yerde yapıldı. Costas'la antrenman sonrası hemen yola çıkarak, son görevimizi yapıp aynı gün geri döndük. Çok büyük bir acıydı bizim için.

Kaybettiğim diğer arkadaşım, Türkiye'de Ankaragücü, Gaziantep takımlarında da oynamış olan Arjantinli Antonio De Nigris... Kendisinde daha önceden de bir ritim bozukluğu varmış ve doktor oynayamaz raporu vermiş aslında. Ama Antonio futbol sevgisi yüzünden bu raporu saklamış. Daha takıma yeni gelmişti ve sezon başıydı. Bir gün antrenman sonrası eve geldim ve öğlen uykusuna yattım. Uyandığımda telefonumda sayısız cevapsız çağrı ve mesaj vardı. İlk mesajı okudum: De Nigris'i kaybettik! İnanamadım... Hemen evine gittik. Antrenmandan sonra o da hepimiz gibi evine gitmiş ve evde fenalaşıp eşinin gözünün önünde geçirdiği kalp kriziyle vefat etmiş. Eve gittiğimizde eşi ve çocuğu perişan haldeydi. Cenaze töreni ve seremonisi hepimizi kötü etkiledi. Bir hafta maçımız ertelendi, bir sonraki hafta oynadık maçımızı. Hepimiz içimize onun resminin olduğu tişörtleri giydik. Maçı 1-0 kazandık ve gol sevincinde hepimiz formalarımızı çıkarttık.

Larisa'dan hüzünlü ayrılış

2010-2011, Larisa'daki son sezonumdu. İstatistik açısından maçlarda en fazla süre aldığım sezon oldu. Kişisel istatistiklerim iyiydi ve sezon sonunda yine altın karmaya seçilmiştim. Ama takım olarak kötüydük. Değişen oyuncularla birlikte epeyce değişen takımımız maalesef sonunda küme düştü. Sezon sonunda yaz tatili için Türkiye'ye döndüğümde kafamda tek bir şey vardı: 2011-2012 sezonunda da Larisa'da oynayıp takımı ikinci ligden birinci lige çıkartmak ve sonrasında futbolu bırakmak...

Ama olaylar çok farklı gelişti. Başkan ekonomik anlamda takımda küçülmeye gitti. Takıma İngiliz bir hoca getirdiler. Ben 37 yaşındaydım. Yeni hoca benim yaşımı ve maliyetimi düşünerek beni yeni takımda istemedi. Oysa benim duygusal bir bağım vardı Larisa'yla. Ben takımı yarıda bırakmamak adına belki de takıma ve şehre karşı bir borç gibi düşünerek, bir yıl daha oynayıp, takımı 1. Lig'e çıkartıp bırakmak istiyordum. Bedelli askerlik için sürem neredeyse dolmuş; birkaç ayım kalmıştı. Sadece askerlik için olsa herhangi bir takımda formaliteden oynayıp dönebilirdim Türkiye'ye. Ama benim istediğim şey bambaşkaydı. Bunu başkana da dile getirdim. Konunun para olmadığını, oynamak istediğimi söyledim. Zaten kulüp geçen iki sezonda zor durumdaydı ve benim içeride epey bir alacağım vardı. Hiçbir zaman bunu dile getirip başkana ya da kulübe baskı yapmamıştım.

Hocanın kararına saygı duymakla birlikte, o süreçte hem hoca hem de başkanla bir iletişim problemimiz oldu. Belki de aynı dili konuşamamaktan dolayı net olarak ne istediğimi anlatamadım. Ben takımın içinde süre alsam da, almasam da onlarla birlikte olmak ve katkıda bulunmak istiyordum. Bir yıl daha futbol oynamak ve bırakmak istiyordum. Futbolu da Larisa'da bırakmak istiyordum. Olmadı!

Başkana hocayla kendim görüşmek ve kendimi anlatmak istediğimi söyledim. Yüz yüze konuşursak beni anlayacağını düşündüm. Takımın sezon öncesi kamp yaptığı, Larisa'ya 400 km. uzaklıktaki Karpenisi'ye gittiğimde, hocanın kamp değil kampa yakın başka bir yerde buluşmak istemesi ve kamptaki arkadaşlarımı görememem beni çok üzdü. Oysa ben ilk günden itibaren takımı sahiplenmiştim.

Hoca'yla kısa ve tatsız bir görüşmenin ardından Larisa defteri benim için kapandı. Ayrılırken yaptığım basın toplantısında ayrılmak istemediğimi ama bunun benim seçimim olmadığını ve tüm süreci, yaşananları anlattım. Toplantıya basın dışında yüzlerce taraftar da geldi. Çok duygusal bir toplantı oldu benim için. Basın ve taraftarlarla karşılıklı vedalaştık.

Ödül gibi bir ada: Korfu

Larisa'dan ayrılmamla birlikte birkaç Yunan takımıyla görüşmelerim oldu. Birisiyle karar aşamasındaydık, her konuda anlaşmış, sadece imza atılmasına kalmıştık. Gazeteler transfer haberlerimi yapmaya başlamışlardı bile. Tam o günlerde Lirakis aradı. Kendisi Larisa'ya gittiğim ilk yıl takımın sportif direktörüydü. Hatta Milano'dan Atina'ya ilk gelişimde beni havaalanında karşılayan ekibin içindeydi. Daha sonra başkanla bir anlaşmazlık yaşadı ve takımdan ayrıldı. Onun takımda olduğu sürede benim dil problemim vardı ve o nedenle çok yakınlaşamadan takımdan ayrıldı. Ayrılışından sonra yaklaşık bir buçuk yıl kendisinden haber almadım. Sonra duyduk ki Kerykra'ya idari menajer olmuş. O zaman Kerkyra 2. Lig'deydi. Kerkyra'ya idari menajer olduktan sonra Larisa'dan eski takım arkadaşlarımın bazılarını transfer etti. Kerkyra'yı 2. Lig'de şampiyon yaptı ve 1. Lig'e çıkarttı. Kendisini sadece 1. Lig'e çıktıklarından sonra karşılıklı oynadığımız maçlardan önce gördüm. Beni sevdiğini bilirdim, ben de kısa bir süre birlikte çalışsak da kendisini severdim.

Lirakis beni arayıp Kerkyra'yı düşünüp düşünmeyeceğimi sorduğunda, düşünebileceğimi ama bir takımla görüşmemde son aşamada olduğumu söyledim. Nichos telefonda beni ikna etti ve diğer takımı arayıp teşekkür ederek Kerkyra'ya gittim. İyi ki de gittim. Larisa'da denizsiz geçen yıllardan sonra kariyerimin son aylarını Korfu gibi muhteşem bir adada geçirdim. Yaşadığım ve çektiğim bütün sıkıntıların ödülü gibiydi Kerkyra'da geçirdiğim aylar.

Kerkyra'da Nichos dışında Larisa'dan eski takım arkadaşlarımdan Hristos ve Adreas da vardı. Kerkyra'da geçirdiğim kısa sürede eski dostluklarım pekişti; yeni dostluklar edindim.

Hayatımda çok önemli isimlerle, çok önemli hocalarla çalıştım. Kerkyra'da son dönemimde, kariyerimin son hocası olan Bozidar Bandoviç tanıdığım en net, en ne istediğini bilen, her anlamda da çok iyi bir hocaydı. İyi ki tanıştım ve birlikte çalışma fırsatı buldum. Kendisiyle çok iyi anlaştık. Bir gün Türkiye'de bir takımın başında olmasını çok isterim.

Larisa'dan sonra Kerkyra'ya geçtiğimde hiçbir sıkıntı yaşamadım. Eski takım arkadaşlarımın ve Nichos'un olması benim adaptasyon sürecimi sıfıra indirdi. Ada takımıydı, insanlar çok rahattı, takımın üzerinde bir baskı yoktu. Dolayısıyla stresim hiç yoktu. Aylarım çok keyifli geçti. Muhteşem manzaralı bir evim vardı. Takım içindeki ortam çok güzeldi. Küçücük bir adaydı Korfu. Aile gibiydi herkes. Dört yanımız denizdi. Benim için bundan daha güzel bir ortam olamazdı. Geçirdiğim her günden müthiş keyif aldım. Gün içerisinde feribotla karşı kıyıya gidip döndüğüm zamanlar oldu. Feribotun terasına çıkıp, elimde kahvemle deniz manzarasında karşı kıyıya gider, feribottan hiç inmeden geri dönerdim.

Hayattan, içtiğim kahveden, deniz manzarasından kısacası yaşadığım "an"lardan keyif almayı keşfettim Kerkyra'da...

2011-2012 sezonu sonuna kadar takımda kalmayı, sezon sonunda futbolu bırakıp Türkiye'ye dönmeyi planlıyordum. Aralık ayında bir sakatlık yaşadım. Sakatlıkla birlikte sezon sonu için yaptığım planları öne çektim ve 2011 Aralık'ta futbol kariyerimi noktalama kararı aldım.

Takım menajeriyle görüşüp kararımı ilettim. Sağolsunlar çok anlayışlı davrandılar ve sözleşmemin feshiyle futbolu bıraktım. Hafta içinde basın toplantısıyla ayrılışımı açıkladım. O hafta sonu takım Olimpiyakos'la oynadı. Maçtan önce statta taraftara bir teşekkür konuşması yaptım. Lirakis de konuşmamı İngilizceden Yunancaya çevirdi. Sonrasında bir plaket verildi. Taraftarın ve Olimpiyakoslu oyuncuların alkışı beni çok duygulandırdı. Kendi adıma çok güzel bir veda oldu.

Nichos Lirakis aynı günlerde, Kerkyra resmi web sitesinde yayımlanmak üzere bir mektup yazdı. Mektubu çevirtip okuduğumda boğazımda bir şeylerin düğümlendiğini hissetim. Sayfalarca Yunanistan'ı, geçirdiğim günleri, edindiğim arkadaşları, yaşadığım iyi kötü deneyimleri, anılarımı anlatabilirim. Ama hepsinin sonunda, hikâyemin sonunda, sanırım bu mektup benim adıma her şeyi anlatıyor:

Bir dosta hitaben...

Bir zamanlar Fransız kültürünün kutsal divası Sarah Bernhardt, bir konuşmasında, öldükten sonra kazanılan ün'ün anlamını, "Önemli olan, sahneden nasıl ayrılacağındır!" diye resmetmişti. Önemli şahsiyetler mitolojisi, her zaman bu yöntemi gerektirir. Onurlu bir şekilde ve hain tuzakların uzağında...

Futbol camiasında bunu ne kadar başardığın, ayrılışının diğer arkadaşların üzerinde yarattığı duygu yoğunluğu ile ölçülür. Eğer bunu bir iki resmi uğurlama ile geçiştiriyorlarsa sorun vardır. Ama tıpkı, kariyerini sonlandırmadan önce kısa sürede olsa Kerkyra Spor Kulübü formasını giyen, çok büyük futbolcu Tümer Metin'in durumunda olduğu gibi, bu uğurlama samimi şekilde sırta vurularak yapılıyorsa, olması gerektiği gibi olmuştur.

37 yaşındaki Türk, Kerkyra Spor Kulübü'nün futbol şubesine, futbolu bırakmasına yönelik kararını açıkladığı zaman, Bernhardt'ın gerçeği daha sessiz sakin bir şekilde olabilirdi.

Bu ayrılış basına alışılagelmiş "klişe" ifadelerden oluşan; "Kerkyra Spor Kulübü A.Ş. bildiriyor ki: vesaire, vesaire vesaire...." gibi bir açıklamayla duyurulabilirdi. Ama olamazdı! Tümer Metin, 'başka herhangi bir transfer' değildi. O, bu bölgeye gelmiş geçmiş en güçlü futbol markası idi. Bir zamanlar Karadeniz'in kuru bir toprak parçası olan Zonguldak'tan çıkmış ve küçük totemler ve hayallerle, kendisine adanan şeyleri ve başarıları görmüş bir çocuktu.

Beşiktaş, Fenerbahçe gibi kulüplerde ve ayrıca Şampiyonlar Ligi, milli takım ve Avrupa kupalarında oynamış ve son istasyon olarak Kerkyra Spor Kulübü'nde oynamış bir futbolcuydu.

Tümer Metin için karar vermek kolay değildi. Bir yanda asla saklamadığı görev süresi ile ilgili bilinen mevzuya dair verilerin kendisine vatana dönüş yolunu açmış olması; diğer taraftan da Kerkyra ile devam eden bir vaat, bir sözleşme söz konusuydu. Kâğıt üzerinde bir sözleşme değildi bu... Erkekçe, sözlerde verilmiş bir sözleşme...

Terazi, iki kutup arasında gidip geliyordu. "Zorunluyum" ile insani bir "istiyorum" arasında. Futbol kulübünün gösterdiği anlayış ile rahatlayan ve alınan zor bir karardı. Kulübün aldığı karar için bir neden gerekli değildi. "Gerek"lere, 21. yüzyılın katı profesyonelliğinde yer yoktur. Etik açıdan doğru olan budur!

Bu takım her zaman, şirket olmanın da ötesinde, "acımasız" prosedürler ve çok sayfalı sözleşmelerin ötesinde bir mantığa oturtulmuş kuralları olan bir ailedir ve bununla da gurur duyar. 'Soğuk' hükümler ve çelik imzalar ile tanımlanmayan, insancıl, ruha hitap eden, saygı ve bilinç sahibi bir aile... İnsanlardan, insanlara...

Bugün, 9 Aralık 2011 Cuma itibariyle altın tozlarıyla kaplı devasa bir kariyerin sahibi Tümer Metin, adanın ve Kerkyra Spor Kulübü'nün kapısından geçmiştir. Takım olarak, bu kulübe kattıklarından ve özellikle verdiği ilhamlardan dolayı kendisine teşekkür ederiz. Sadece hayatın bizim kıyılarımızdan da geçmesine vesile olduğu bir futbolcu olarak değil; aynı zamanda kalıcı ve önemli bir dostumuz olması sebebiyle de kendisini samimiyetle uğurlarız. Bundan böyle her ne karar alırsa alsın, kendisine iyi yolculuklar diler, sıhhatle yaşlanmasını temenni ederiz. Belki, kim bilir, bir gün yeniden karşılaşırız...

İyi şanslar "Tumi"... Aynen sizin yakada da söylendiği gibi: "İyi şanslar, my friend.."

Not: Dün, bugün ve yarın için sana çok teşekkürler...

11

TM

Bu satırları yazdıklarımı yayınevine teslim ettikten sonra ve (genelde yabancı şarkı dinlememekle birlikte) sözlerini kendi hikâyeme çok yakın bulduğum Frank Sinatra'nın "My Way" şarkısını dinlerken yazıyorum. Şarkının sözleri şöyle:

Hayatı dolu dolu yaşadım...
Her anayolu baştan sona dolaştım...
Ve dahası, çok daha fazlası,
Hepsini keyfimce yaptım!

Pişmanlık mı? Var elbette biraz...
Ama sözü edilmeyecek kadar az!
Hep yapmam gerekeni yaptım...
Ve hepsine istisna olarak baktım.

Planladım her dersini hayatın,
Ve yolumdaki her dikkatli adımı.
Ve dahası, çok daha fazlası...
Ben hepsini keyfimce yaptım!

Evet, oldu bazı zamanlar...
Eminim hatırlayacaksınız!
Çiğneyebileceğimden fazlasını,
Umarsızca ısırmıştım!
Ama bütün bunların yanında,
Bir an bile şüphe duyduğumda...
Hemen yuttum o lokmayı,

Ve tükürüverdim dışarı!
Yüzleştim tümüyle,
Ve hep bastı ayaklarım yere...

Hepsini yaptım keyfimce!
Sevdim, güldüm, ağladım...
Kaybetmekten payımı fazlasıyla aldım!
Ve şimdi... Yatışırken gözyaşlarım,
Hepsini gülümseyerek hatırlarım!
Düşündüm de bütün bu yaptıklarım...
Utanç duymadan anlatılır mı?
Utanç mı? hayır, hayır, bu ben değilim!
Ben hepsini keyfince yapanım...

Adı vicdan muhasebesi, yüzleşme vs. ne olursa olsun; bir insanın durup bir an, bulunduğu noktadan geriye, kendi hayatına, yaşadıklarına baktığında bu sözleri söyleyebilmesi hiç kimseye ya da hiçbir şeye hesap vermeden kendiyle yüzleşebilmedir tüm mesele sanırım. Ben hayatımın birçok noktasında durdum ve baktım arkama... Her seferinde de benzer sözlerle kendimle yüzleşip devam ettim yoluma...

Bu kitabı yazmaya başlarken çıkış noktam, bir yüzleşme, itiraf ya da başka nedenler olmadı hiçbir zaman. Kendi yaşadıklarımı kendi kelimelerimle yazmak istedim sadece. Ben yazar ya da edebiyatçı değilim. Bir hikâyem vardı anlatmak istediğim ve bu hikâyeyi de kendim anlatmalıydım.

Yazmaya başladığım an kolayca dökülmedi kelimeler... Nereden başlayacağımı bilemedim... Hatta sondan başladım yazmaya. Yazdıkça geriye gidip, sonunda en başa döndüm. Başa dönerken unuttuğumu sandığım birçok şey dün gibi geldi aklıma... Kendim bile şaşırdım bazı şeyleri bu kadar net hatırlıyor olduğuma zaman zaman.

Kendi yaşadıklarıma bugünden bakarken farklı duygularla yaklaştım. Bu kitabı bundan birkaç yıl önce yazsaydım, eminim duygularımı da, yaşadıklarımı da farklı şekilde ifade ederdim. O yüzden bir yanım kitabı bir an önce yazmak için acele etse de bir yanım frenledi beni. İyi ki de öyle oldu. Üzerinden biraz zaman geçtikten sonra yazmamın daha iyi olduğuna inanıyorum.

Fatih Hocam, insanlar değişmez ama gelişirler der hep. Ben de değişmedim aslında! Birçok açıdan hâlâ Zonguldak A takımındaki Tümer'im... Ama diğer yandan bir o kadar da geliştim. Bu kitabı yazarken de bir kez daha fark ettim nereden nereye geldiğimi...

Başarı göreceli bir kavramdır. Genel geçer kriterleri yoktur. Herkesin başarısı ya da başarısızlığı kendisinin nereden nereye geldiğiyle ölçülmelidir. Benim hikâyem bir başarı hikâyesi midir? Bazılarınıza göre belki hayır ama benim için; Zonguldak'ta madenden çıkan atıkların üstünde top oynayarak hayaller kuran bir çocuğun, hayal ettiği ve hatta hayal bile edemediği şeyleri yaşaması bir başarı hikâyesidir.

Birçoğunuz için Beşiktaş ya da Fenerbahçe'de ya da 1. Lig'de bir takımda oynayan futbolcunun milli takıma seçilmesi normal bir başarı kriteri olabilir ama benim için, o tepedeki çocuğun milli takıma seçilmesi çok büyük başarıdır.

Sonuç olarak ben bir başarı hikâyesi de yazmadım zaten. Dediğim gibi kendi hikâyemi anlattım sadece. Duyduklarımı, gördüklerimi değil kendi yaşadıklarımı yazdım. Yaşarken neler hissettiğimi neler düşündüğümü yazdım. Bunu da kimseye bir açıklama borcuyla yapmadım. Anlatmak istedim sadece...

Hatalarım da oldu, bugün aynı şeyleri yeniden yaşama şansım olsa farklı kararlarla farklı yaşayacağım şeyler de oldu hayatımda... Ama sonuç olarak hepsi yaşandı! Hepsi yaşanması gerekiyordu! Hepsini yaşadım!

Zamanında, o duygularımla, içimden geçen, doğru bildiğim, inandığım şeyleri yaptım hep. Ve yaşadığım her şeyin arkasındayım. Ne olursa olsun sonuçta; onlar, doğrusuyla yanlışıyla günahıyla sevabıyla benim bugünlere gelmemi sağladı.

Bugünlere gelmemde; gerek futbol hayatımda, gerek özel hayatımda bana destek olan, iyi günümde kötü günümde benim yanımda olan aileme, hocalarıma ve bütün arkadaşlarıma çok teşekkür ederim.

Üç isme özel

Sabiha Canduran

Biliyorum futbolla alakası olmayan ama bana verdikleri desteklerle, Tümer Metin olmamda payı olan birçok kişi var hikâyemde anlatmadığım... Anlatmaya başlarken doğal olarak en başa, Zonguldak'a, aileme, aile yapıma, büyüdüğüm çevreye döndüm. Ama sonrasında hep futbol topu ve onun çevresindeki hayatıma sadık kalarak anlattım.

Anlatamadığım ama benim için yeri her zaman çok ayrı olan ve hikâyemde yer alması gereken bir isim var hayatımda: Sabiha Canduran...

Sabiha Anne hayatıma Cansu'yla birlikte girdi. Benim ikinci annem oldu.

Hayat ne getirirse getirsin, ne olursa olsun; Cansu'nun benim hayatımdaki özel yeri gibi o da her zaman hayatımda ayrı bir yerde olacak.

Canduran ailesi içinde rahmetli Süleyman Baba hayattayken bile her zaman daha baskın karakterdi Sabiha Anne. Kendisi emekli anestezi uzmanı. Yaptığı işle hayata bakışı birbirine çok benzer.

Anestezi uzmanlığı, bir doktorun ameliyathanedeki rolünden bile daha önem ve sorumluluk taşıyan bir iştir. Hayata da işine gösterdiği özeni gösterir Sabiha Anne. İşinde her durumda gösterdiği sakinlik ve aldığı sorumluluk gibi özel hayatında da sorumluluk almaktan çekinmez. Her daim sakin kalmayı bilir. Kriz anlarında hep, en doğru zamanda, en doğru müdahalelerde bulunur.

Yaptığı işin sorumluğu, ölümle yaşam arasında ince bir çizgide yürümek gibiydi. Kendisi de belki yaptığı işin etkisiyle hayatın bu kadar ince bir çizgide olduğunun hepimizden daha çok farkında biri olarak, hayatı dolu dolu, geldiği gibi yaşamayı bilen, eğlenceli, komik, bir o kadar da yardımsever bir melektir.

Kendisi benim hayatıma Cansu'nun annesi olarak girmiş olmasına rağmen, sadece eşimin annesi sıfatıyla değil; Sabiha Canduran olarak benim hayatımda bir anne, bir akıl hocası, bir dost oldu hep. Ve dediğim gibi hayat ne getirirse getirsin her zaman da öyle olacak.

Sabiha Anne bu kitabın içinde anlattığım birçok şeyde yanımdaydı. Beşiktaş'ta oynamak, milli takım forması giymek gibi hayallerimi gerçekleştirmeme şahit oldu.

Ben de aynı şeyleri annem için diliyorum. Ben de onun benimle paylaştığı hayallerini gerçekleştirmesine şahit olmayı umuyorum.

Hayat arkadaşını, Süleyman babayı kaybetmesine rağmen hayata tutunarak, hayalleriyle hepimize örnek olan annemin kendi hayallerini gerçekleştirmesini, çok mutlu olmasını yürekten diliyor ve istiyorum. Bu kitap aracılığıyla da bir kez daha ona olan sonsuz sevgi ve saygımı sunmak ve seslenmek istiyorum:

Git hayallerine anne!

Hande Metin Çiftçi

Yün yumaklara vurmakla başlayan hikâyemde adın birkaç kez geçse de hiç anlatmadım seni...

Anlatamadım!

Anlatmaya çalışsam nerede, hangi sayfada anlatabilirdim ki? Ya da hikâyemin neresinde seni dışarıda tutabilirdim? Tepeyi, söğüt ağacını, bayram sabahlarını, altyapıya yazıldığım günü, A takıma transferimi, Samsun'a gidişimi, gidişimle değişen hayatımı, çubuklu forma hayalimi, hayalimin gerçekleşişini, milli takım anılarımı, iyi kötü anlarımı, olaylı transferimi ya da gurbet günlerimi... Hayatımın hangi bölümünde sen yoktun ki?

Zaten anlat deseler anlatamam ki... Sevgimi, hayatımdaki yerini, benim için önemini, sana bile anlatamamış, hissettirememişimdir bugüne kadar tam olarak. Çoğu zaman ne içimden geçen hislerimle ağzımdan çıkan kelimeler; ne de o kelimelerle sana olan davranışlarım tutuyor birbirini...

Biliyorum!

Şimdi kelimelerim yettiğince yazmaya çalışsam da, aslında seni anlatmak için söyleyebileceğim bir cümle var her şeyi anlatan: "Hande, kardeşim, canımın yarısı, bütün dünyayı karşıma alırım onun için." Ama biliyorum ki sorarsın o zaman bana; "Peki neden o karşına aldığın dünyadaki zerre kadar küçük şeyler için beni üzüyorsun?"

Cevap veremem!

Seni her üzdüğümde bana kızar, kırılır, incinir, küsersin.

Senin bende kızdığın her şeyde her seferinde ben de kendime kızar; yine de bir dahaki sefere *engel olamam!*

Seni her üzdüğümde sen bana, ben kendime *küserim!*

Biliyorum, daha sayısız kavgalarımız, küslüklerimiz olacak kardeşim. Biliyorum, seni yine üzeceğim.

Değiş o zaman abi dersen...

Değişemem!

Sana olan sevgim gibi seni kırmalarımı da değiştiremem abicim!

Aynı genlere sahip olmamıza rağmen hem birbirimize çok benzeriz hem de birbirimizden çok farklıyız.

Birbirimize kızsak da, küssek de birbirimizin canıyız biz...

Etle tırnak gibiyiz biz...

Bizim ayrı hikâyelerimiz yok!

Aynı hikâyenin iki karakteriyiz biz...

Bizim hayatımız da hikâyemiz de bir abicim...

O yüzden canımın içi sana hiçbir şey için söz veremesem de her şey için teşekkür ederim.

Hayatımıza, hikâyemize kattığın her şey için...

Tüm güzellikler için...

Hepsinin içinde en güzeli, en özeli, Reşat Ali için...

Sana binlerce kez teşekkür ederim!

Fatih Terim

"Şu anda milli takım çatısı altındayız. Benim üzerimde de, senin üzerinde de milli takım eşofmanı var. Yarın ne olur bilemeyiz. Ama ben bu çatının altında olduğum müddetçe *Tümer Metin benimle birlikte olacak.* Belki beş dakika belki 90 dakika oynatacağım seni. Bazen tribünde oturacaksın, bazen başka bir maçı izletmeye yollayacağım. Hatta belki sadece kampta bizimle olman için çağıracağım seni. Ama ben burada olduğum sürece sen de bizimle birlikte olacaksın!"

Milli takım kampında sizinle yaptığım ilk görüşmede bana bu sözleri söylemiştiniz Hocam...

Futbol kariyerimde büyük isimlerle, önemli hocalarla çalışmak nasip oldu bana. Hepsinden futbol adına çok şey öğrendim. Hepsi bana bir şeyler kattı. İyi kötü, acı tatlı, sayısız anılarım var hepsiyle... Hepsinin sahip olduğum kariyerimde bir yeri var.

Sizin ise Fatih Hocam; sadece kariyerimde değil, benim hayatımda çok önemli bir yeriniz var.

Siz daha ilk günden benimle yaptığınız konuşmanızla; tanıdığım tanımadığım, çalıştığım çalışmadığım bütün hocalardan farklı olduğunuzu hissettirdiniz. O gün siz bana o konuşmayı yaptığınız andan itibaren sizinle hoca-futbolcu ilişkisi dışında bir bağımız olacağını hissetmiştim; biliyordum.

Yanılmadım; yanıltmadınız beni.

Tanıdığım en iyi taktisyen ve hoca olmanızın ötesinde mentör oldunuz bana. Sizden sadece futbola dair değil, hayata dair çok şey öğrendim.

Siz hayata bakışınızla, doğrularınızla, doğrularınızın arkasında duruşunuzla, inancınızla, yaşamınızla örnek oldunuz bana.

Sizden adamlığı öğrendim.

Bugün evimin başköşesinde duran ve kariyerimdeki en anlamlı madalyaya sahip olmamı *Siz* sağladınız.

Siz 2006 Dünya Kupası'na katılamadığımızda bitti sandığım hayalimi gerçekleştirdiniz.

Siz ilk tanıştığımız gün yaptığınız konuşmanızın arkasında durarak vefanın sadece bir semt adı olmadığını gösterdiniz.

Siz belki de hiç oynatmayı düşünmediğiniz halde beni 2008 Avrupa Kupası Şampiyonası'na çağırarak, o atmosferi, o mutluluğu yaşamamı sağladınız.

Siz parayla sahip olunamayacak bir deneyimi yaşamamı sağladınız.

Siz Zonguldak'ta tepede top oynayan ve tek hayali futbolcu olmak, çubuklu forma giymek olan o küçük çocuğun hayal bile edemediği bir gururu yaşamasını sağladınız.

Bütün bunları siz yaşattınız bana.

Ben sizin sayenizde o madalyaya sahip oldum.

Bir takımın oyuncusu Tümer Metin'ken; sizin sayenizde "Milli Futbolcu Tümer Metin" oldum.

Sizin sayenizde sosyal hayatımdaki statüm değişti.

Sizin sayenizde daha çok para kazandım.

Sizin sayenizde hikâyem ve bu kitap daha başka bir anlam kazandı.

Tercih ettiniz, inandınız, güvendiniz, kim ne derse desin arkamda durdunuz.

Bana birçok değer kattınız.

Benim sadece hocam olmadınız bana babalık yaptınız.

Sizin, sizi diğer bütün hocalardan ayıran sıfatlara sahip olmanızı sağlayan değerlerinizi aşıladınız; öğrettiniz.

Sizin temel felsefelerinizden biri, “insanlar değişmez, gelişir!” Ben sizin sayenizde geliştim.

Sizin sayenizde dünya görüşüm, hayata bakışım farklılaştı.

Size duyduğum minnetin yanında sonsuz sevgi ve saygıyla bir kez daha bana yaşattığınız ve kattığınız her şey için çok teşekkür ederim.

Dizin